Christiane Leesker · Vanessa Jansen

WINTERZAUBER
Weihnachtsduft

Impressum

Text: Christiane Leesker
Fotografie: Vanessa Jansen
Styling: Christiane Leesker, Vanessa Jansen
Layout und Satz: Christiane Leesker
Produktmanagement: Victoria Salley
Druck und Bindung: FIRMENGRUPPE APPL, aprinta druck, Wemding

© Lifestyle BusseSeewald in der frechverlag GmbH, Turbinenstraße 7, 70499 Stuttgart, 2017

James Krüss, Der wohltemperierte Leierkasten
© 1989 cbj Verlag, München, in der Verlagsgruppe Random House GmbH

Angaben und Hinweise in diesem Buch wurden von der Autorin und den Mitarbeitern des Verlags sorgfältig geprüft. Eine Garantie wird jedoch nicht übernommen. Autorin und Verlag können für eventuell auftretende Fehler oder Schäden nicht haftbar gemacht werden. Das Werk ist urheberrechtlich geschützt. Die Vervielfältigung und Verbreitung ist, außer für private, nicht kommerzielle Zwecke, untersagt und wird zivil- und strafrechtlich verfolgt. Dies gilt insbesondere für eine Verbreitung des Werkes durch Fotokopien, Film, Funk und Fernsehen, elektronische Medien und Internet sowie für eine gewerbliche Nutzung.

1. Auflage 2017

ISBN: 978-3-7724-7448-4 · Best.-Nr. 7448

Christiane Leesker · Vanessa Jansen

WINTERZAUBER
Weihnachtsduft

*Rezepte und andere Genüsse
für die schönste Jahreszeit*

Lifestyle
BUSSE SEEWALD

Inhalt

7
Vorwort

11
WINTERSPAZIERGANG

21
festliche Torten & feines Konfekt

39
BESUCH AUF DEM
WEIHNACHTSMARKT

49
*Punsch & Glühwein
mit und ohne Schnaps*

59
EIN ABEND AM LAGERFEUER

67
Winterliche Snacks am Feuer

Inhalt

77
ADVENTSSONNTAG MIT KINDERN

89
Weihnachtliches Gebäck

105
VORBEREITUNG AUF HEILIGABEND

116
Das Weihnachtsmenü

135
ZWISCHEN DEN JAHREN

142
Süßes für die Seele

158
REGISTER & DANK

VORWORT

Kein anderes Fest weckt so viele Emotionen wie die Weihnachtszeit. Kindheitserinnerungen, Träume, Hoffnungen und ein ganz besonderer Zauber kommen mit ihr. Wir hegen große Erwartungen an ein gelungenes Fest und wünschen uns sehnlichst Frieden, Harmonie, Liebe und Geborgenheit dafür.

Damit all das auf jeden Fall gelingt, schmücken wir Haus und Garten, suchen sorgfältig Geschenke für unsere Lieben aus, schreiben Weihnachtskarten, backen und kochen, bis der Herd glüht und die Tische sich biegen. Dabei setzen wir uns manchmal so sehr unter Druck, dass wir ganz vergessen, uns selbst auf das bevorstehende Fest einzustimmen, zur Ruhe zu kommen, uns mit unserer Familie und unseren Freunden zu beschäftigen, es uns gemeinsam gemütlich zu machen oder uns fröhlich in den Trubel des Weihnachtsmarktes zu stürzen.

Dieses Buch lädt dazu ein, den Winter und die Weihnachtszeit mit allen Sinnen auszukosten: Gelegenheiten beim Schopf zu ergreifen, wenn sie sich bieten, anstatt sie auf morgen zu verschieben, bei Schnee und Frost hinauszugehen und die Natur zu genießen, sich am Jahresende auf dem Sofa mit einem Buch und einem heißen Kakao zusammenzukuscheln, mit Kindern, den eigenen oder denen von Freunden oder Verwandten, ein Lebkuchenhaus zu verzieren, das gemeinsame Kochen und Backen als Genuss und sinnliches Vergnügen zu erleben.

Mit unseren Vorschlägen und Rezeptideen möchten wir Anregungen geben, wie Sie die Advents- und Weihnachtszeit gestalten und zu einem ganz besonderen, sinnlichen Erlebnis werden lassen können. Aber vielleicht legen Sie auch einfach nur die Beine hoch, zünden ein paar Kerzen an und genießen völlig entspannt die Bilder und

Gedichte, mit denen wir dieses Buch gespickt haben – ganz ohne Erwartungsdruck. Wir wünschen viel Freude beim Schmökern, Schwelgen, Staunen und Schauen und fröhliche Weihnachten!

WINTERSPAZIERGANG

Wenn die ersten kalten Nächte den morgendlichen Tau gefrieren lassen, ist es Zeit: Mummeln Sie sich warm ein und machen Sie sich auf, sobald die Sonne am Horizont erscheint und den Raureif glitzern und funkeln lässt!

Die Natur zeigt sich jetzt im schönsten Kleid. Die letzten Zeugen von Sommer und Herbst, Blätter, Blüten und Früchte sind überzogen von zarten Eiskristallen. In der winterlichen Sonne zaubert der Frost eine Landschaft in Pastelltönen…

Ein besonders schönes Erlebnis ist es, wenn endlich Schnee in dicken Flocken fällt und alles darunter verschwindet. Die Welt wird still und leise, denn die weiße, weiche Schneedecke schluckt jeden Schall.

In der kalten Jahreszeit brauchen wir besonders viel Licht, um nicht in Melancholie zu verfallen. Vielleicht haben wir deshalb ein besonderes Bedürfnis nach gemütlichem Kerzenschein und warmer Beleuchtung.

Versuchen Sie, im Winter so viel wie möglich draußen zu sein, jeden Sonnenstrahl einzufangen und sich auch von großer Kälte nicht abschrecken zu lassen.

Wenn unser Körper sich warm halten muss, verbraucht er viele Kalorien. Ein Spaziergang bei eisigen Temperaturen ist also auch eine hervorragende Möglichkeit, ihm nach den vielen süßen und herzhaften Genüssen der Saison etwas Gutes zu tun!

Wenn Sie ein Haustier besitzen, sei es ein Hund oder eine Katze, werden Sie wissen, dass diese sich im Winter durch ein besonders dichtes, warmes Fell zu schützen wissen. Denn sie brauchen, genau wie wir, auch bei kaltem Wetter frische Luft und Auslauf. Achten Sie nur darauf, dass die Tiere in Bewegung bleiben und nicht auskühlen können. Auch Freigänger-Katzen sollten bei eisigen Temperaturen nicht über Nacht draußen bleiben müssen. Trocknen Sie die Pfoten der Tiere nach jedem Spaziergang sorgfältig ab, um Streusalz und Eisklümpchen zu entfernen.

Haben Sie schon einmal bemerkt, dass sowohl Hunde als auch Katzen ausgelassen und übermütig auf frisch gefallenen Schnee reagieren? Und dass beide einer zünftigen Schneeballschlacht nicht abgeneigt sind? Dabei sollten Sie natürlich nicht auf die Tiere zielen, sondern sie die zerstiebenden Schneebälle fangen und jagen lassen. Eine Riesen-Gaudi für Mensch und Tier!

DER REIF

Der Reif ist ein geschickter Mann:
O seht doch, was er alles kann!
Er haucht nur in den Wald hinein,
Wie ist verzuckert schön und fein
Ein jeder Zweig und Busch und Strauch
Von seinem Hauch!

Wie schnell es ihm von Händen geht!
Kein Zuckerbäcker das versteht.
Und alles fein und silberrein,
Wie glänzt es doch im Sonnenschein!
Wär' alles doch nur Zucker auch
Von seinem Hauch!

Doch nein, wir sind schon sehr erfreut,
Dass uns der Reif so Schönes beut.
O Winter, deinen Reif auch gib,
Uns ist auch Augenweide lieb,
Und ohne Duft und Frühlingshauch
Freu'n wir uns auch.

Hoffmann von Fallersleben

festliche Torten
& FEINES KONFEKT

Vielleicht suchen Sie sich für Ihren Spaziergang durch die frostige Winterlandschaft ein schönes Ziel aus. Beispielsweise ein uriges Landcafé, wo ein knisterndes Feuer im Kamin brennt, und man sich in einer gemütlichen Stube bei einem Becher heißem Kakao oder einer Tasse duftendem Tee herrlich aufwärmen kann. Denn wenn die Nasen rot und die Füße kalt sind, gibt es doch kaum etwas Schöneres, als irgendwo einzukehren. Und wenn wohlige Wärme sich im Körper ausbreitet, meldet sich garantiert der Appetit auf ein sahniges Stück Torte oder ein süßes Konfekt, das unsere Lebensgeister weckt und uns neue Energie zuführt.

LEBKUCHEN-
Mascarpone-Torte

Für den Biskuit:
4 Eier
200 g Zucker
1 Päckchen Vanillezucker
150 g Mehl
50 g Speisestärke
1 Päckchen Backpulver

Für die Creme:
250 g Mascarpone
100 g Joghurt
50 g Zucker
1 TL Lebkuchengewürz
1 TL Zimt
600 g geschlagene Sahne
150 g Lebkuchen, zerbröselt

Außerdem:
100 g Zartbitterschokolade
100 g Marzipanrohmasse
geschlagene Sahne, Schokoladenmandeln und Lebkuchenbrösel zum Verzieren

Den Backofen auf 160 °C vorheizen.
Für den Teig die Eier mit 3 EL Wasser verquirlen und mit Zucker und Vanillezucker so lange schlagen, bis eine helle Creme entstanden ist. Mehl mit Speisestärke und Backpulver mischen und nach und nach einarbeiten. Dann den Biskuit in eine vorbereitete Springform von 28 Zentimetern Durchmesser füllen und im vorgeheizten Ofen ca. 30 Minuten backen. Herausnehmen, auskühlen lassen und einmal waagerecht durchschneiden.
Die Zartbitter-Schokolade über einem heißen Wasserbad schmelzen und den unteren Boden damit einstreichen. Auskühlen lassen und anschließend mit der Schokoladenseite nach unten auf eine Tortenplatte legen. Die Marzipanrohmasse in passender Größe ausrollen und auf den unteren Biskuit legen. Einen Tortenring mit Backpapier auskleiden und um den Boden legen.
Für die Creme alle Zutaten verrühren. Zwei Drittel der Masse auf den unteren Tortenboden streichen, den zweiten Boden auflegen und darauf die restliche Masse glatt streichen. Tortenring und Backpapier entfernen und die Torte weihnachtlich mit Sahnetuffs, Schokoladenmandeln und Lebkuchenbröseln verzieren. Bis zum Servieren kalt stellen.

HASELNUSSTORTE
mit Zimtsternen

Für den Biskuit:
4 Eier
4 EL Amaretto (ersatzweise Wasser)
120 g Zucker
100 g Mehl
1/2 Päckchen Backpulver
1/2 TL Zimt
100 g gemahlene Haselnüsse

Für die Füllung:
1000 g Sahne
Haselnuss-Sirup nach Belieben

Außerdem:
100 g Zartbitterschokolade
100 g Marzipanrohmasse
12 Zimtsterne (Rezept S. 97)
gehobelte Haselnüsse

Den Backofen auf 160 °C vorheizen.
Die Eier mit dem Amaretto verquirlen, den Zucker zugeben und cremig rühren. Mehl, Backpulver, Zimt und Haselnüsse mischen und unterrühren. Den Teig in eine vorbereitete Springform von 28 Zentimetern Durchmesser füllen und im vorgeheizten Ofen ca. 25 Minuten backen. Herausnehmen, auskühlen lassen und den Boden einmal waagerecht durchschneiden.
Die Schokolade über einem heißen Wasserbad schmelzen und den unteren Boden damit bestreichen. Erstarren lassen und den Boden mit der Schokoladenseite nach unten auf eine Tortenplatte setzen. Einen Tortenring mit Backpapier auskleiden und um den Biskuitboden legen.
Für die Füllung die Sahne steif schlagen und mit Haselnuss-Sirup aromatisieren. Für die Dekoration etwas Sahne in einen Spritzbeutel mit Sterntülle füllen und beiseitelegen. Die Torte mit der Hälfte der Sahne füllen. Den zweiten Boden auflegen. Den Tortenring abnehmen und die Torte rundherum mit der restlichen Sahne bestreichen.
Die Marzipanrohmasse auf Tortengröße ausrollen, obenauf legen und die Sahne rundum noch einmal glatt streichen. Mit einem Tortenteiler 12 Stücke vorzeichnen. Mit Sahnetupfen, gehobelten Haselnüssen und Zimtsternen verzieren.

Wenn Sie die Möglichkeit haben, beginnen Sie am besten schon im Herbst damit, den überwinternden Vögeln Futter anzubieten, denn es dauert eine Weile, bis sie einen neuen Futterplatz akzeptieren.

FESTLICHE Sternfrucht-Torte

Für den Mürbeteig:
120 g Mehl
60 g kalte Butter
50 g Zucker
1 kleines Ei

Für den Biskuit:
4 Eier
200 g Zucker
1 Päckchen Vanillezucker
150 g Mehl
50 g Speisestärke
1 Päckchen Backpulver

Für die Füllung:
10 Blatt weiße Gelatine
1 Mango
400 ml Kokosmilch
50 g Karamellsirup
250 g Joghurt
600 g Sahne

Außerdem:
4 EL Quittengelee
1–2 Sternfrüchte (Karambolen)
200 ml Orangensaft, mit Tortenguss angedickt
100 g Kokosraspel, ohne Fett geröstet

Den Backofen auf 180 °C vorheizen.
Die Zutaten für den Mürbeteig gründlich verkneten, in Klarsichtfolie wickeln und 20 Minuten kalt stellen. Anschließend eine gefettete Springform damit auslegen und im vorgeheizten Ofen 10 Minuten backen. Herausnehmen und die Temperatur auf 160 °C reduzieren.
Für den Biskuit die Eier mit 3 EL Wasser verquirlen und mit Zucker und Vanillezucker cremig rühren. Mehl, Speisestärke und Backpulver mischen und unterheben. In eine mit Backpapier ausgelegte Springform füllen und im Backofen 30 Minuten backen. Nach dem Abkühlen einmal waagerecht durchschneiden. Einen Boden für spätere Torten einfrieren.
Für die Füllung die Gelatine in kaltem Wasser einweichen. Die Mango schälen, vom Kern befreien und das Fruchtfleisch würfeln. Die Mangowürfel mit Kokosmilch und Sirup aufkochen lassen und durch ein Sieb streichen. Die Gelatine ausdrücken und die Blätter einzeln ins heiße Mus rühren, bis sie sich aufgelöst haben. Den Joghurt unterrühren. Die Sahne steif schlagen und unter die abgekühlte Masse heben.
Den Mürbeteigboden mit Quittengelee bestreichen. Den Biskuitboden auflegen. Einen Tortenring umlegen. Die Sternfrüchte in dünne Scheiben schneiden und den Rand damit umstellen. Die Mangocreme einfüllen und glatt streichen, dabei die Oberfläche leicht wellig gestalten. Die Torte für 3 Stunden kalt stellen. Dann den Tortenring vorsichtig entfernen. Für die Dekoration den angedickten Orangensaft in die Vertiefungen auf der Oberfläche geben und den Rand der Torte mit gerösteten Kokosraspeln bestreuen.

Schoko-Kokos Konfekt

Für ca. 60 Stück:
100 g Zartbitterschokolade
100 g Vollmilchschokolade
80 g Butter
1 EL flüssiger Honig
2 EL Sahne
50 g Walnüsse
100 g Löffelbiskuits
100 g Rosinen
4 EL Kokosraspel

Beide Schokoladensorten in Stücke brechen und in einem Topf mit Butter, Honig und Sahne bei geringer Temperatur unter Rühren schmelzen lassen.

Die Walnüsse hacken, die Biskuits fein zerbröseln. Nüsse, Biskuitbrösel, Rosinen und 2 EL Kokosraspel mit der Schokoladenmasse mischen, vom Herd nehmen und etwas abkühlen lassen. Wenn die Masse beginnt, fest zu werden, ca. 1,5 cm dick auf Pergament- oder Backpapier streichen und mit den verbliebenen Kokosraspeln bestreuen.

Die Konfektmasse im Kühlschrank vollständig auskühlen lassen und schließlich in kleine Rechtecke schneiden.

VANILLE-HONIG *Trüffeln*

Für ca. 30 Trüffeln:
250 g Zartbitter-Kuvertüre
100 g Sahne
1 Vanilleschote

Für den Überzug:
250 g Zartbitterschokolade
1 EL flüssiger Honig
(ggf. etwas erwärmen)
30–50 g ungesüßtes
Kakaopulver

Die Schokolade fein hacken und in eine Schüssel geben. Sahne in einen Topf gießen. Vanilleschote längs halbieren und das Mark herauskratzen. Schote und Mark mit der Sahne kurz aufkochen und sofort vom Herd nehmen.

Die Vanillesahne durch ein feineres Sieb über die Schokolade gießen. Mit kreisenden Bewegungen durchrühren, bis sich die Schokolade aufgelöst hat. Die Trüffelmasse abkühlen lassen, bis sie formbar geworden ist (evtl. im Kühlschrank).

Mithilfe eines Teelöffels kleine Mengen der Trüffelmasse abstechen und zwischen den Handflächen Kugeln in der Größe von kleinen Walnüssen formen.

Die Schokolade für den Überzug hacken und über einem heißen Wasserbad unter Rühren schmelzen. Die Trüffelkugeln einzeln auf eine Gabel legen, in die flüssige Schokolade tauchen und wieder herausheben. Etwas abtropfen lassen und zum Trocknen auf Backpapier legen. Noch bevor die Schokolade vollständig ausgehärtet ist, das Kakaopulver in eine Schale geben und die Trüffeln darin vorsichtig wälzen.

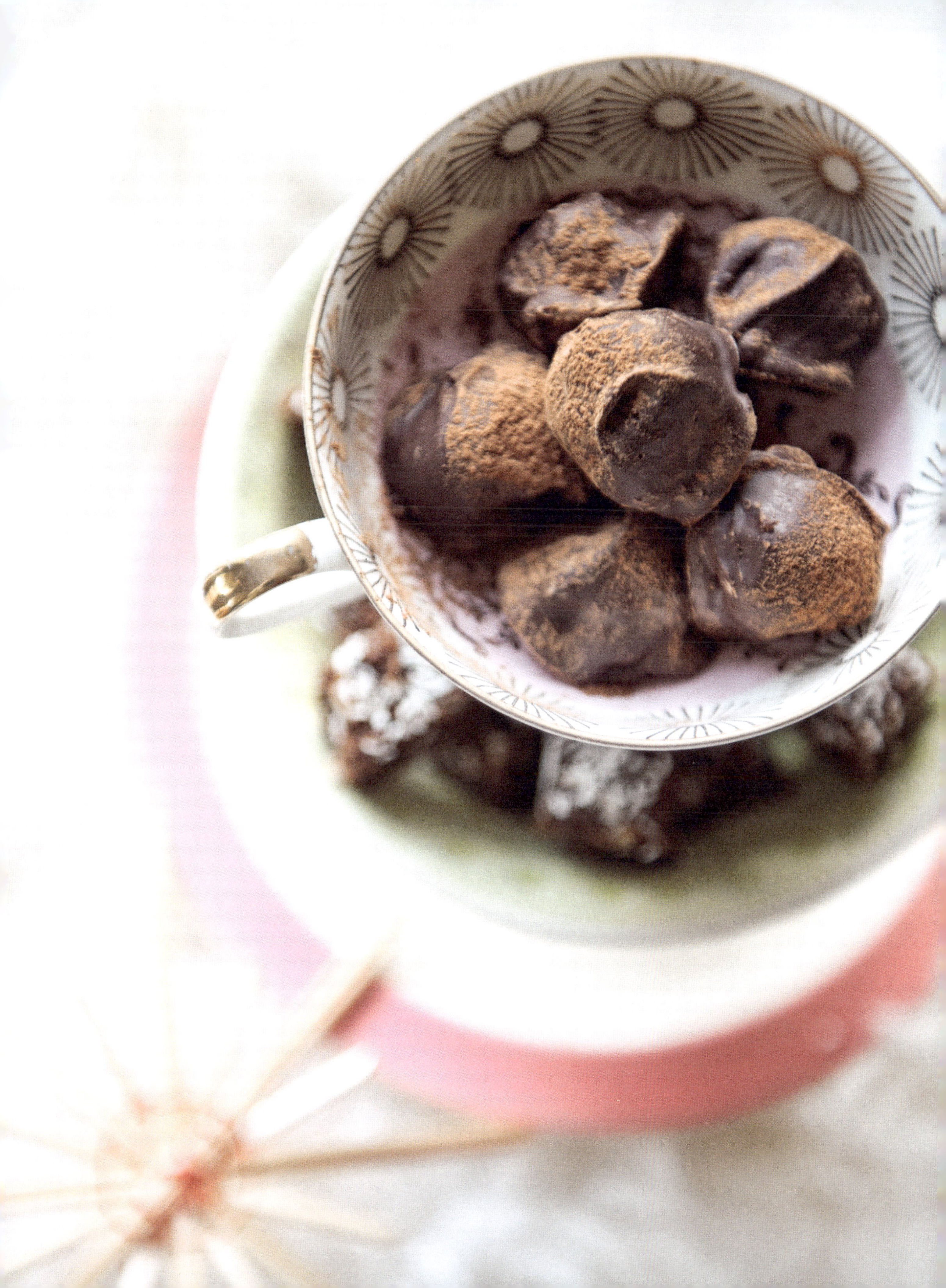

Eine hübsche Deko-Idee: Tannenzapfen sammeln, mit Lackspray besprühen und mit farblich passenden Wollfäden zu Bündeln zusammenfassen.

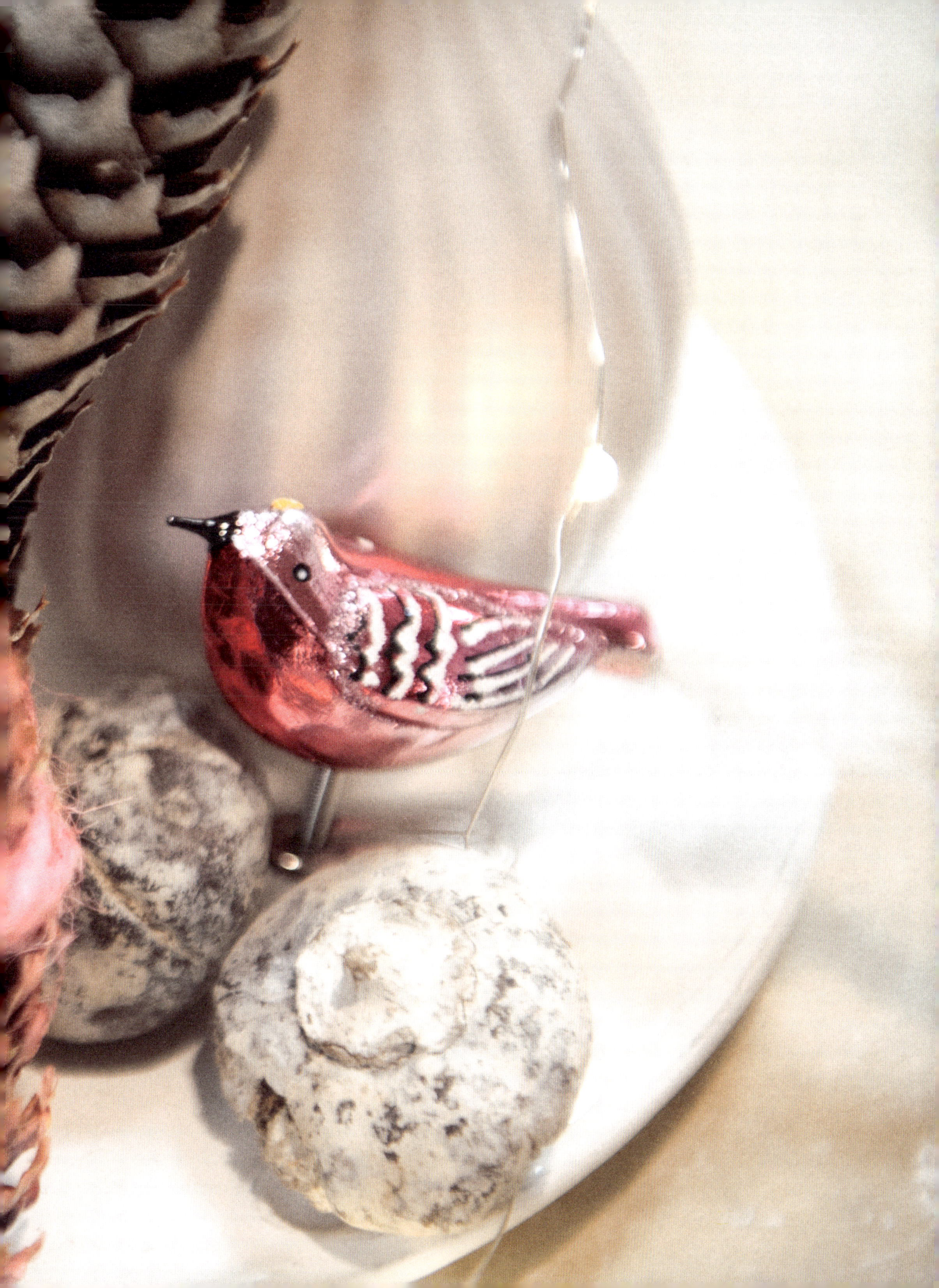

Heiße Maronen

Besuch auf dem WEIHNACHTSMARKT

Wussten Sie, dass die besondere Atmosphäre unserer hiesigen Weihnachtsmärkte so einzigartig ist, dass es z. B. in London, New York oder Quebec alle Jahre wieder „German Christmas Markets" bzw. „Marchés de Noël Allemands" gibt? Und dass aus unseren europäischen Nachbarländern während der Saison jedes Jahr unzählige Touristen mit Bussen zu unseren kleinen und großen Weihnachtsmärkten reisen?

Was macht es eigentlich aus, das besondere Weihnachtsmarkt-Feeling? Da gibt es vor allem für das leibliche Wohl traditionell ein üppiges Angebot: Lebkuchen, gebrannte Mandeln und heiße Maroni gehören zu den typischen Spezialitäten. Glühwein, Grog, Glögg und heiße Schokolade mit und ohne Schuss dürfen bei den wärmenden Getränken nicht fehlen. Christbaumschmuck, Handwerkskunst, Spielzeug und Kerzen laden zum Schauen und Shoppen ein. Und die Herzen der Kinder schlagen beim Anblick von Karussells, Zuckerwatte und Paradiesäpfeln höher. Weihnachtliche Düfte und Klänge betören unsere Sinne. Und wenn es dann noch richtig kalt ist und womöglich Schnee liegt, ist die Weihnachtsmarkt-Stimmung perfekt!

Manchmal sind es die kleinen dörflichen Weihnachtsmärkte, die einen besonders zauberhaften Charme verströmen. Einige wenige Stände um eine alte Dorfkirche, die heiße Waffeln, geschnitztes Spielzeug,

Wollsocken und Patchwork-Topflappen anbieten, laden dazu ein, mit den Standhaltern zu plaudern und erste kleine Geschenke zu erstehen. Wenn Sie aber lieber einen großen Markt besuchen, nutzen Sie am besten die Abende der ersten Adventswoche, wenn die Besucherströme noch nicht ihre volle Stärke erreicht haben, man die Auslagen noch in Ruhe betrachten kann und am Glühweinstand nicht Schlange stehen muss. Ein Abend auf dem Weihnachtsmarkt mit Freunden oder Kollegen gehört zu den geselligen Highlights der kalten Jahreszeit und kann auch ganz ohne Glühwein lustig und ausgelassen werden. Selbst ausgewiesene Weihnachtsmarktmuffel sollten dafür ihre Bedenken über Bord werfen und sich einfach ins Getümmel stürzen!

Manche Stadt legt in der Vorweihnachtszeit eine innerstädtische Eisfläche an, wo Kinder und Erwachsene nach Herzenslust zur Musik Schlittschuh laufen können. Das ist ein besonderer Spaß, den Sie sich nicht entgehen lassen sollten! Das Eislaufen an so einem besonderen Ort unter freiem Himmel ist eine ganz andere Erfahrung als in der Halle. Aber am schönsten ist es natürlich, wenn Seen und Teiche zufrieren und einladende Eisflächen bilden ...

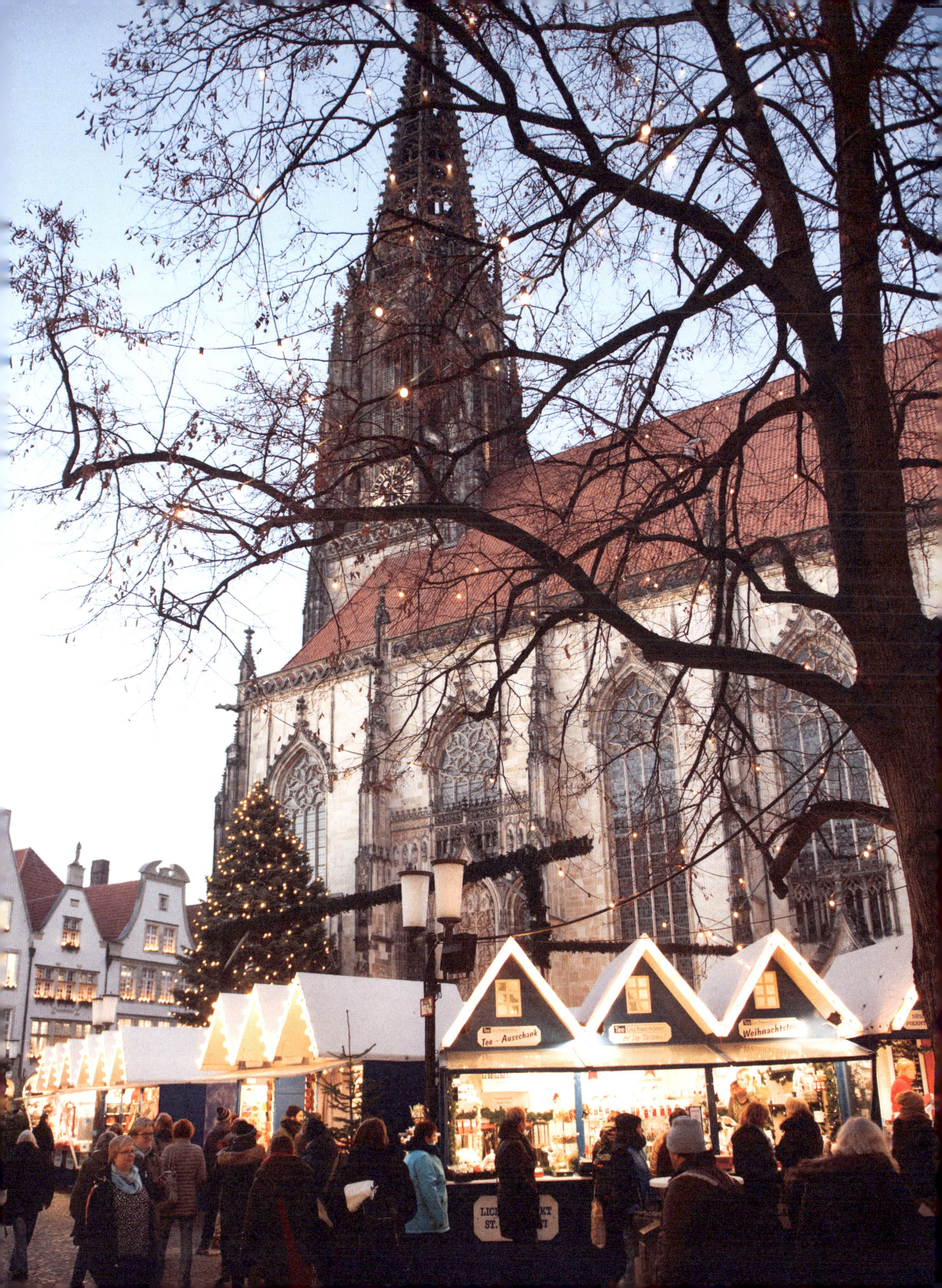
Tee - Ausschank

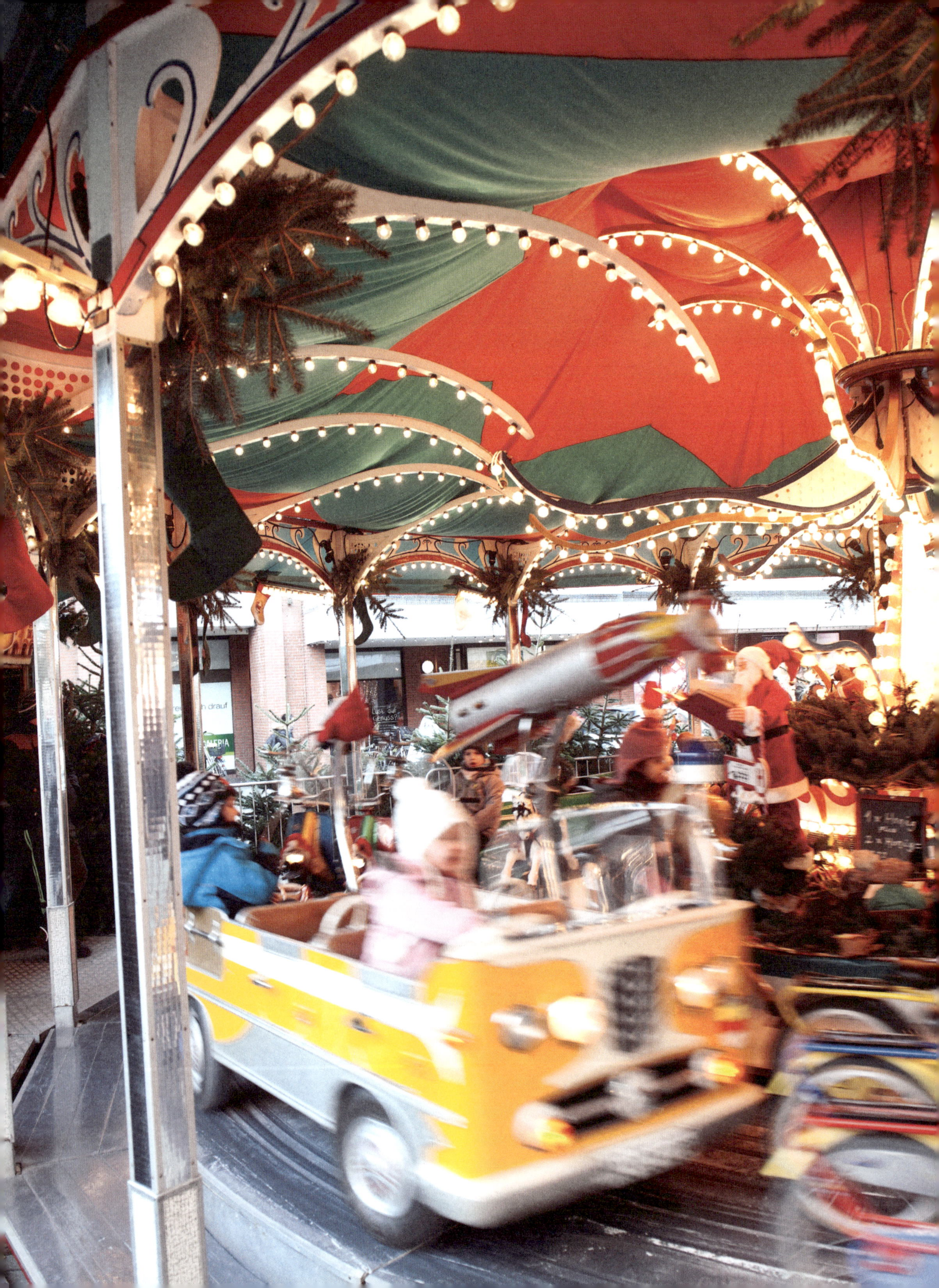

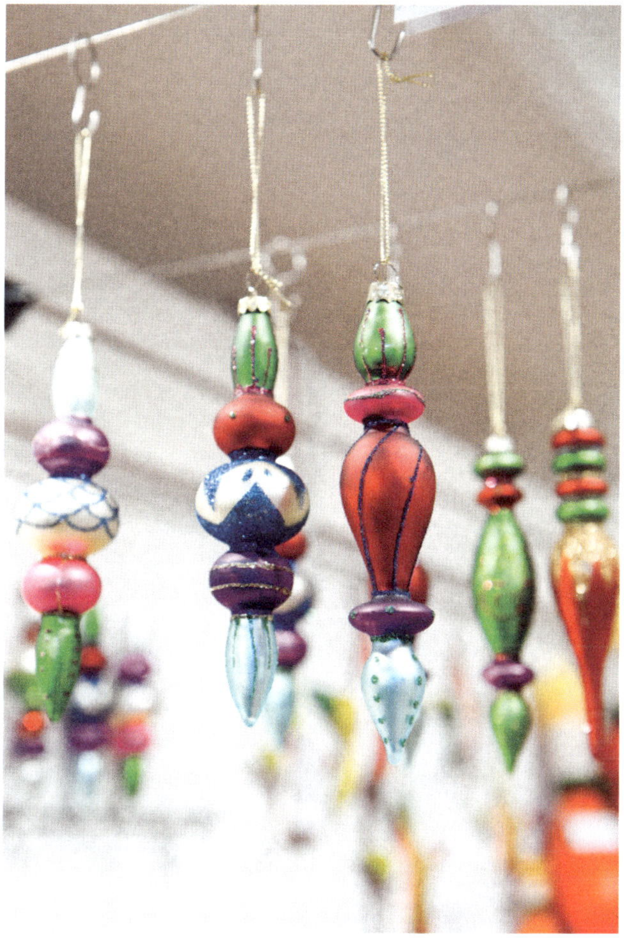

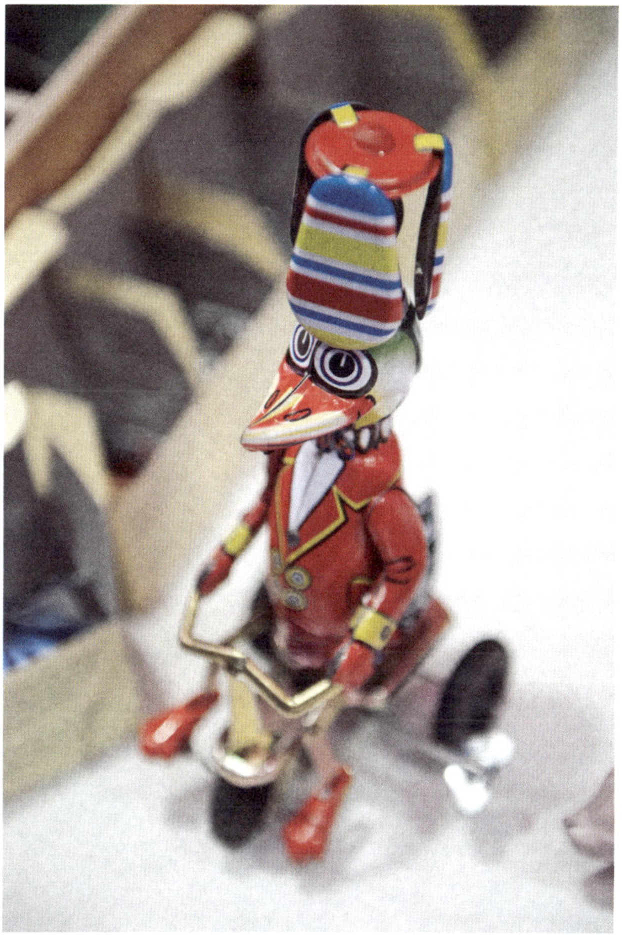

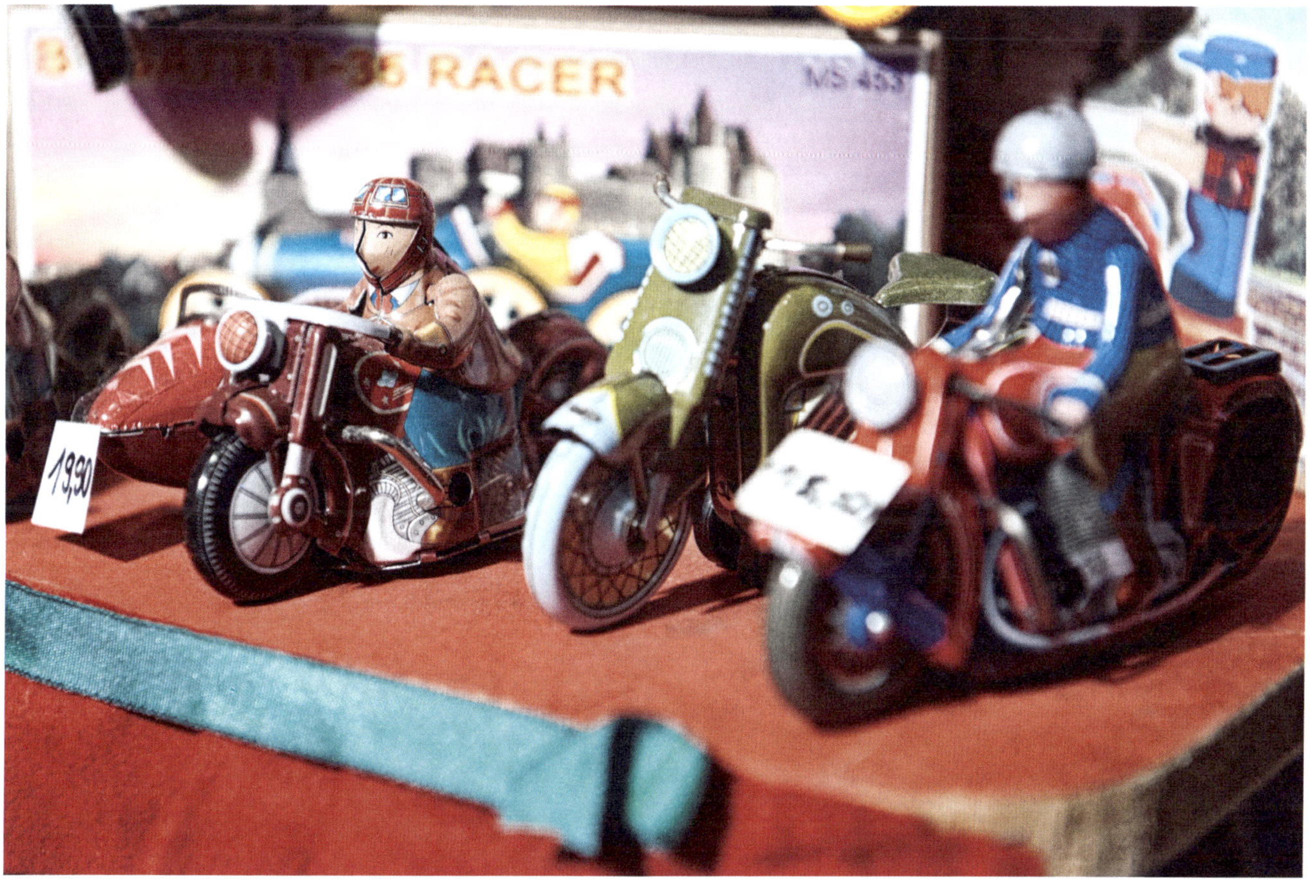
RACER
19,90

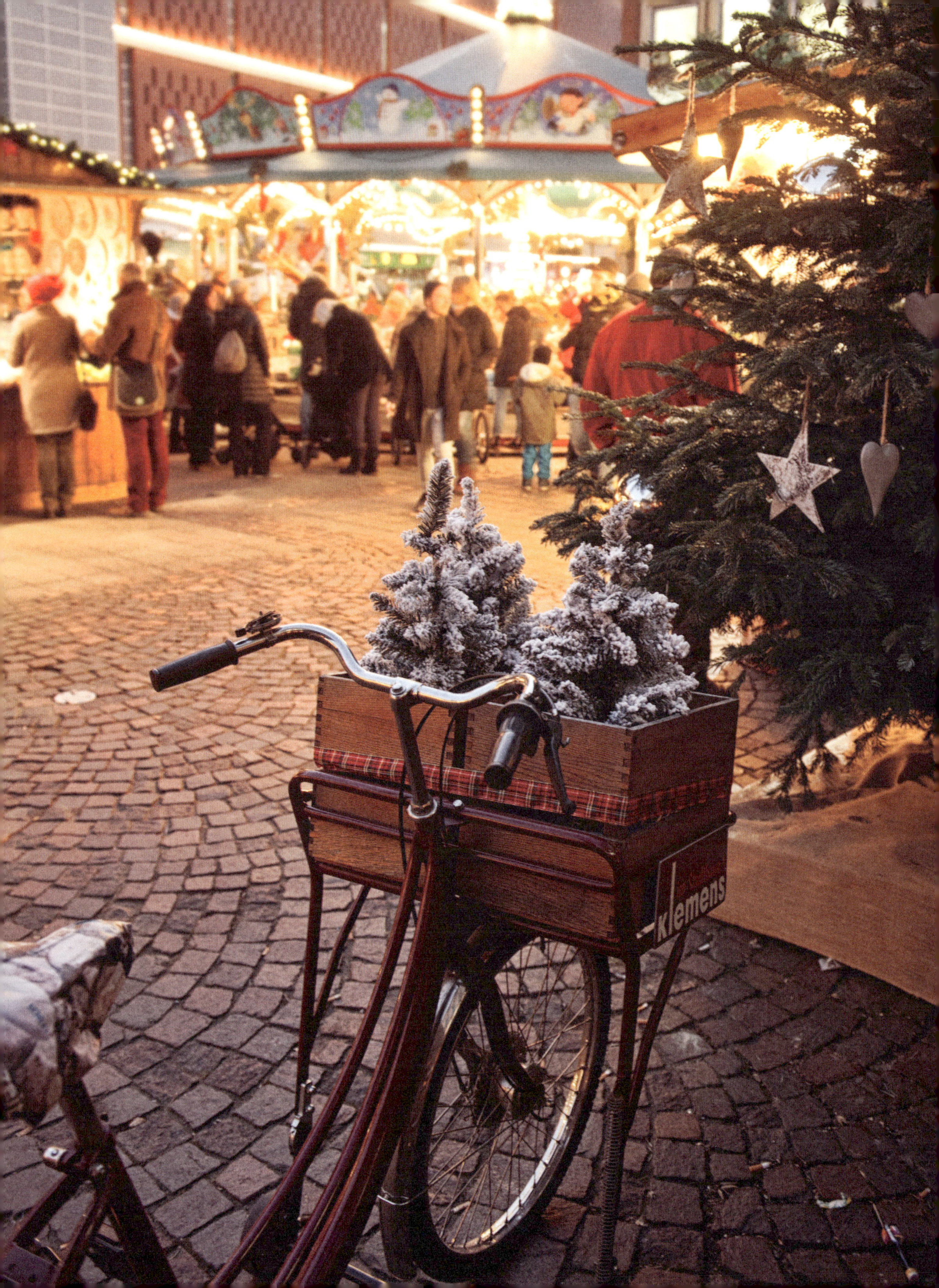
klemens

WEIHNACHTSMARKT

Welch lustiger Wald um das graue Schloss
Hat sich zusammen gefunden,
Ein grünes bewegliches Nadelgehölz,
Von seiner Wurzel gebunden!

Anstatt der warmen Sonne scheint
Das Rauschgold durch die Wipfel;
Hier backt man Kuchen, dort brät man Wurst,
Das Räuchlein zieht um die Gipfel.

Es ist ein fröhlich Leben im Wald,
Das Volk erfüllet die Räume;
Die nie mit Tränen ein Reis gepflanzt,
Die fällen am frohsten die Bäume.

Der eine kauft ein bescheidnes Gewächs
Zu überreichen Geschenken,
Der andre einen gewaltigen Strauch,
Drei Nüsse daran zu henken.

Dort feilscht um ein verkrüppeltes Reis
Ein Weib mit scharfen Waffen,
Der dünne Silberling soll zugleich
Den Baum und die Früchte verschaffen!

Mit glühender Nase schleppt der Lakai
Die schwere Tanne von hinnen,
Das Zöfchen trägt ein Leiterchen nach,
Zu ersteigen die grünen Zinnen.

Und kommt die Nacht, so singt der Wald
Und wiegt sich im Gaslichtscheine;
Bang führt die arme Mutter ihr Kind
Vorüber dem Zauberhaine.

GOTTFRIED KELLER (AUSZUG)

Doris'
Glühwein
Weißer
Kakao
Oma's
Kirsch
Heiße
Irish Cof
Grog
Kaffee
Latte
Cola/Fa
2,50
4,00
4,50
3,50
2,00

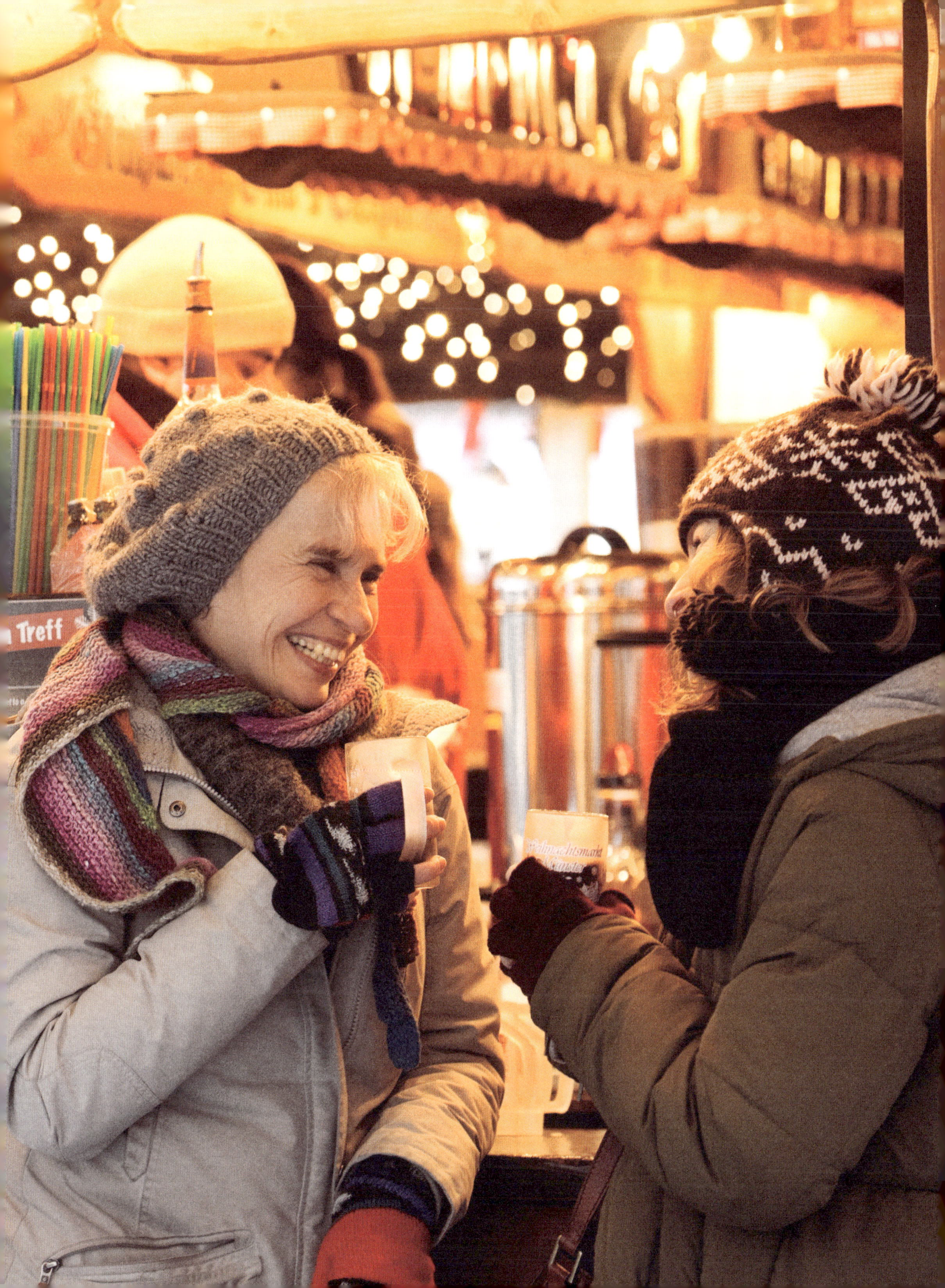
Treff

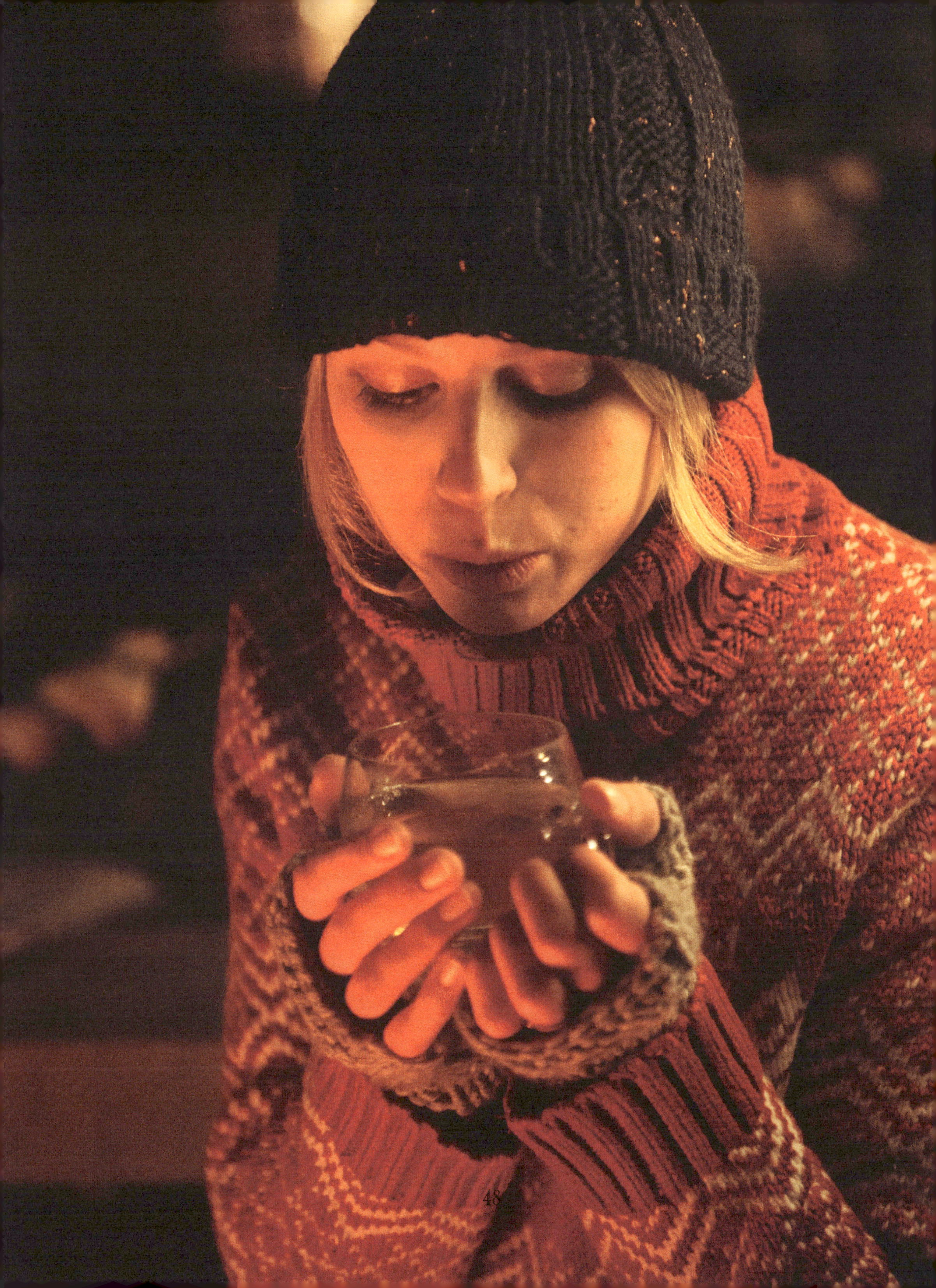

Punsch & Glühwein
MIT UND OHNE SCHWIPS

Der Genuss von Punsch und Glühwein im Winter gehört mit zu den Highlights der Saison. An den heißen Bechern können wir uns die kalten Finger wärmen, die dampfende Flüssigkeit tut unserem Inneren wohl. Gewürze wie Zimt, Anis und Nelke sorgen für würzigen Duft und weihnachtliche Aromen, Honig und Kandis für angenehme Süße. Zitrusfrüchte geben den heißen Getränken eine säuerliche Note und liefern gleichzeitig erfrischende Vitamine.

Für Punschrezepte ohne Alkohol eignen sich schwarzer oder grüner Tee und Fruchtsäfte wie Apfel-, Trauben-, Holunder-, Kirsch- oder Birnensaft. Punschrezepte mit Alkohol basieren auf Rot- oder Weißwein mit und ohne „Schuss" (z. B. Rum, Calvados, Weinbrand, Amaretto). Auf Grundlage dieser Zutaten und der oben genannten Gewürze können Sie frei variieren und eigene Punschrezepte entwickeln. Ein paar Vorschläge finden Sie auf den folgenden Seiten.

KLASSISCHER Glühwein

Für 6 Personen:
1/2 Bio-Orange
1 Flasche Rotwein (750 ml)
3 Beutel Glühweingewürz
(Fertigprodukt)
80–100 g Kandiszucker

Für die Dekoration:
6 Stück Sternanis

Die Orange heiß abwaschen und in Scheiben schneiden. Vom Rotwein 200 ml abmessen und mit Glühweingewürz, Kandiszucker und Orangenscheiben in einen Topf geben. Erhitzen und 5 Minuten köcheln lassen. Den restlichen Wein zugießen und langsam mit erhitzen. Dabei möglichst nicht zu heiß werden lassen, sonst verkocht der Alkohol. Vor dem Servieren die Gewürze entfernen. Den Glühwein in hitzebeständige Gläser oder Becher füllen und mit je 1 Sternanis dekorieren.

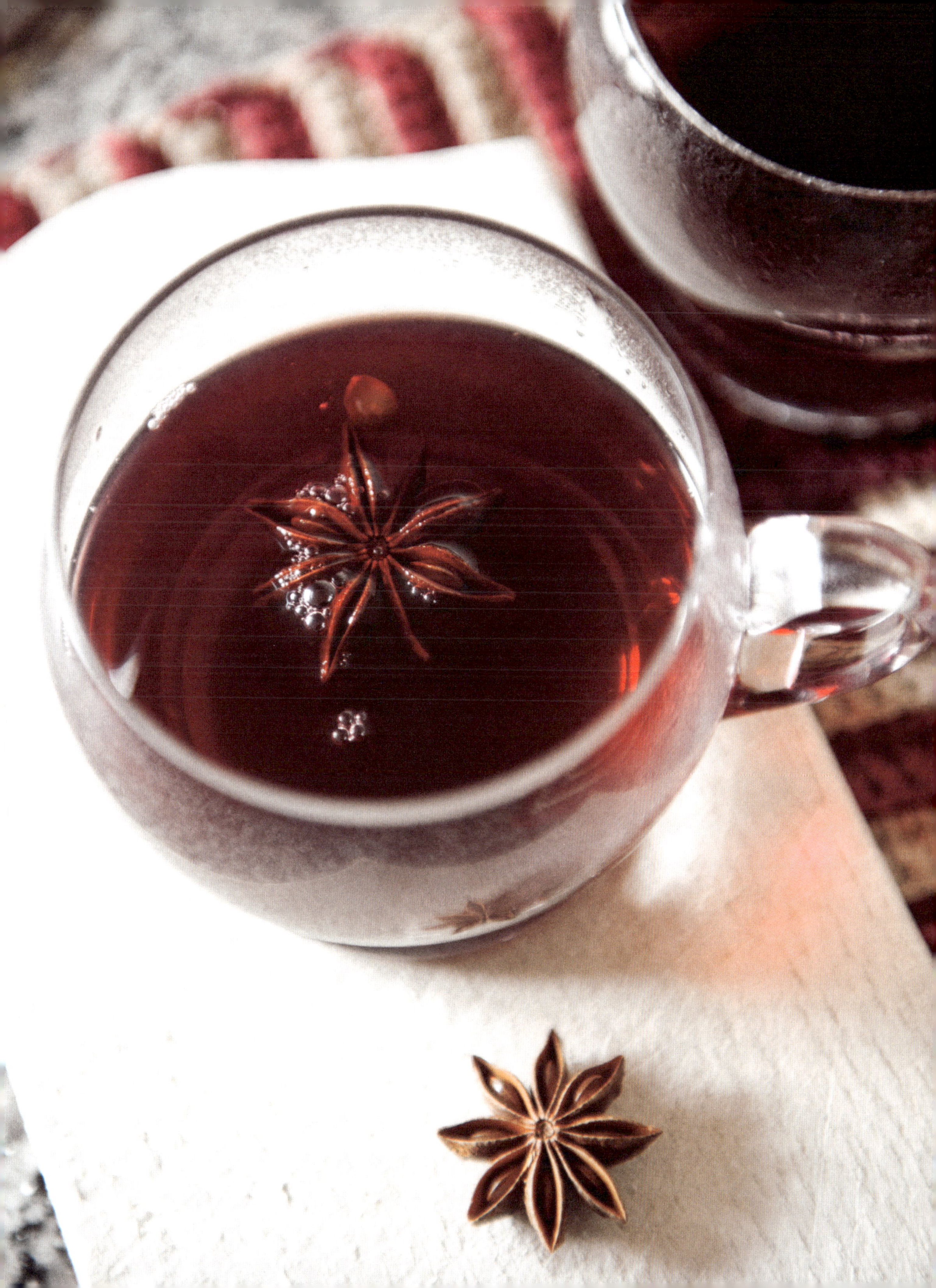

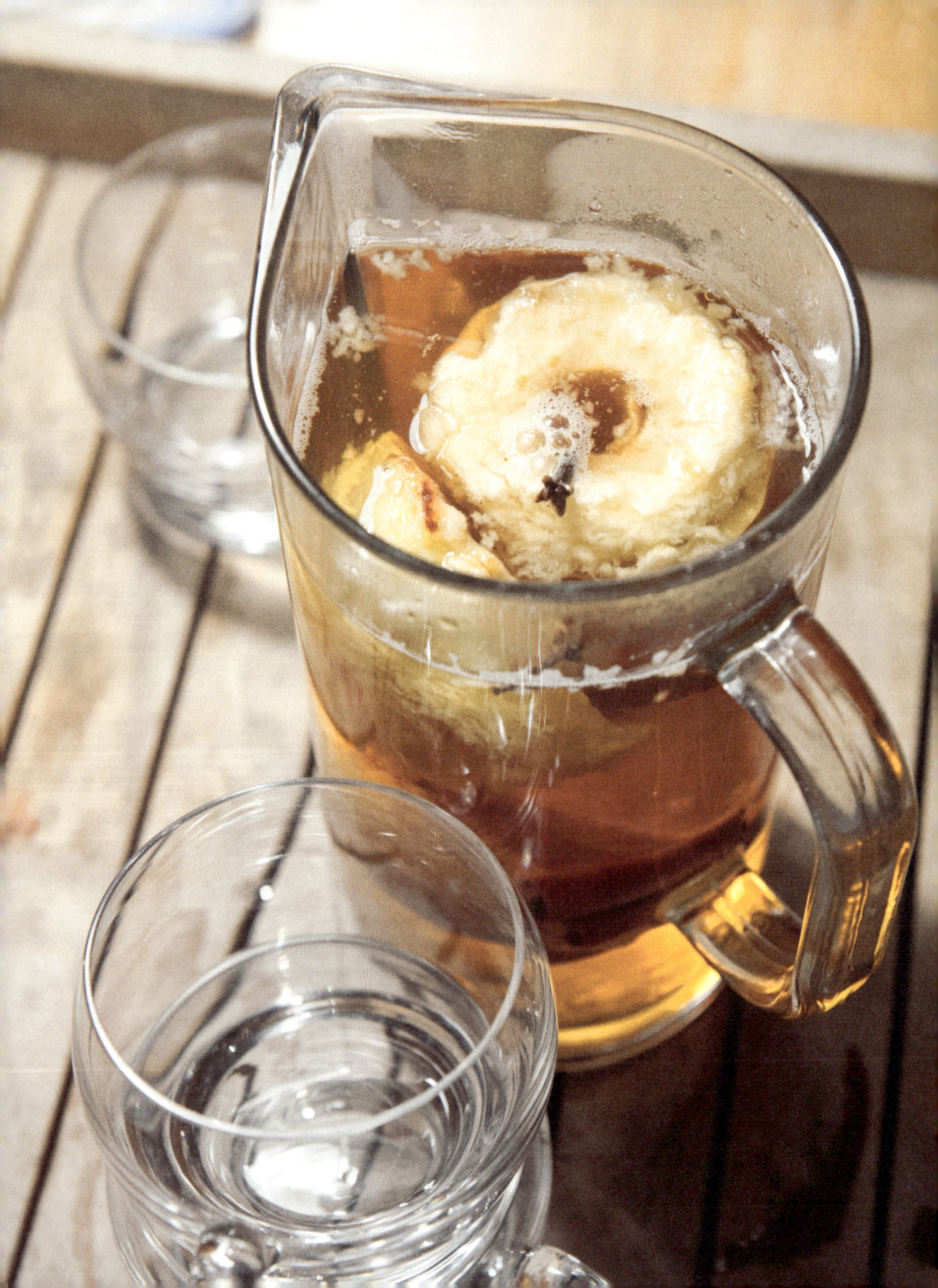

BRATAPFELPUNSCH
mit Schwips

Für 6 Personen:
2 rote Winteräpfel
2 EL brauner Zucker
1 Flasche Weißwein (750 ml)
500 ml klarer Apfelsaft
spiralförmig dünn abgeschälte Schale von 1 Bio-Zitrone
1/2 Vanilleschote, aufgeschlitzt und ausgeschabt
3 Nelken
2 Zimtstangen
1 EL Honig
50 ml Calvados

Den Backofen auf 220 °C vorheizen.

Die Äpfel waschen, mit einem Apfelausstecher entkernen und quer halbieren. Die Apfelhälften mit der Schnittfläche nach oben in eine ofenfeste Form legen und mit dem braunen Zucker bestreuen. Im vorgeheizten Ofen 30 Minuten backen, bis die Äpfel weich sind.

Inzwischen Weißwein, Apfelsaft, Zitronenschale, Vanillemark und -schote, Nelken, Zimt und Honig in einem Topf mischen und zum Kochen bringen. Den Punsch 30 Minuten knapp unter dem Siedepunkt ziehen lassen. Dann den Calvados zufügen und den Punsch erneut erhitzen. Gewürze nach Belieben entfernen.

Die Bratäpfel in einen hitzebeständigen Glaskrug geben und mit dem heißen Punsch übergießen. Sofort servieren.

APFEL-HOLUNDER-PUNSCH
ohne Schwips

Für 6 Personen:
1 l Apfelsaft
1/2 l Holunderbeersaft
1/2 l schwarzer Tee
1 Bio-Zitrone
2 Bio-Orangen
3 Nelken
1/2 Zimtstange
2 EL Honig

Apfel- und Holundersaft in einem großen Topf mit dem Tee mischen. Die Schale von je 1 Zitrone und Orange dünn und spiralförmig abschälen. Den Saft aller Früchte auspressen. Schale und Zitrussäfte zum Punsch geben. Die Gewürze hinzufügen und alles mit Honig süßen. Den Punsch erhitzen und knapp unter dem Siedepunkt 10 Minuten ziehen lassen, dann servieren. Zur Dekoration evtl. ein Stück Zitrusspirale über den Becherrand hängen. Der Punsch schmeckt heiß und kalt.

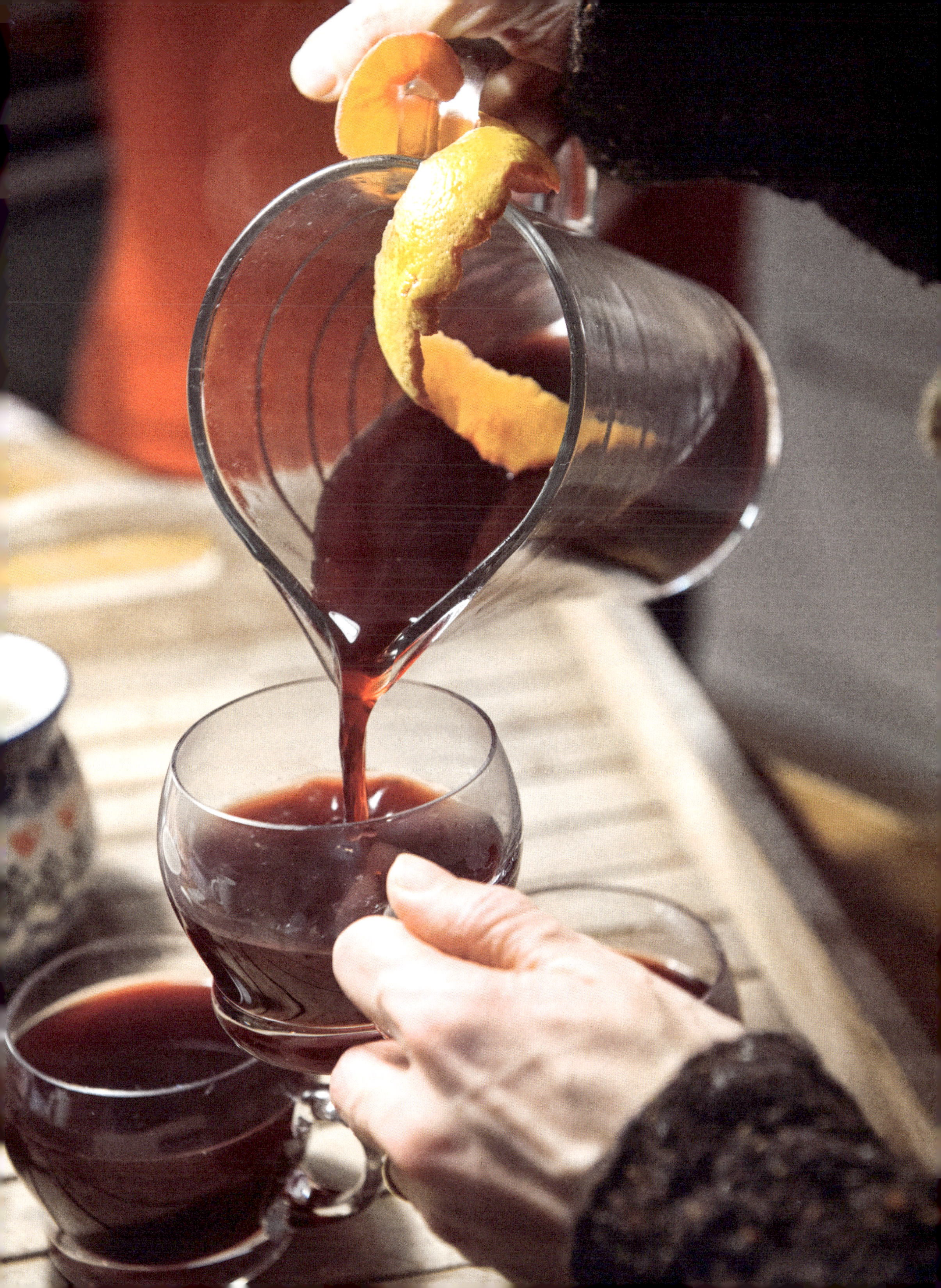

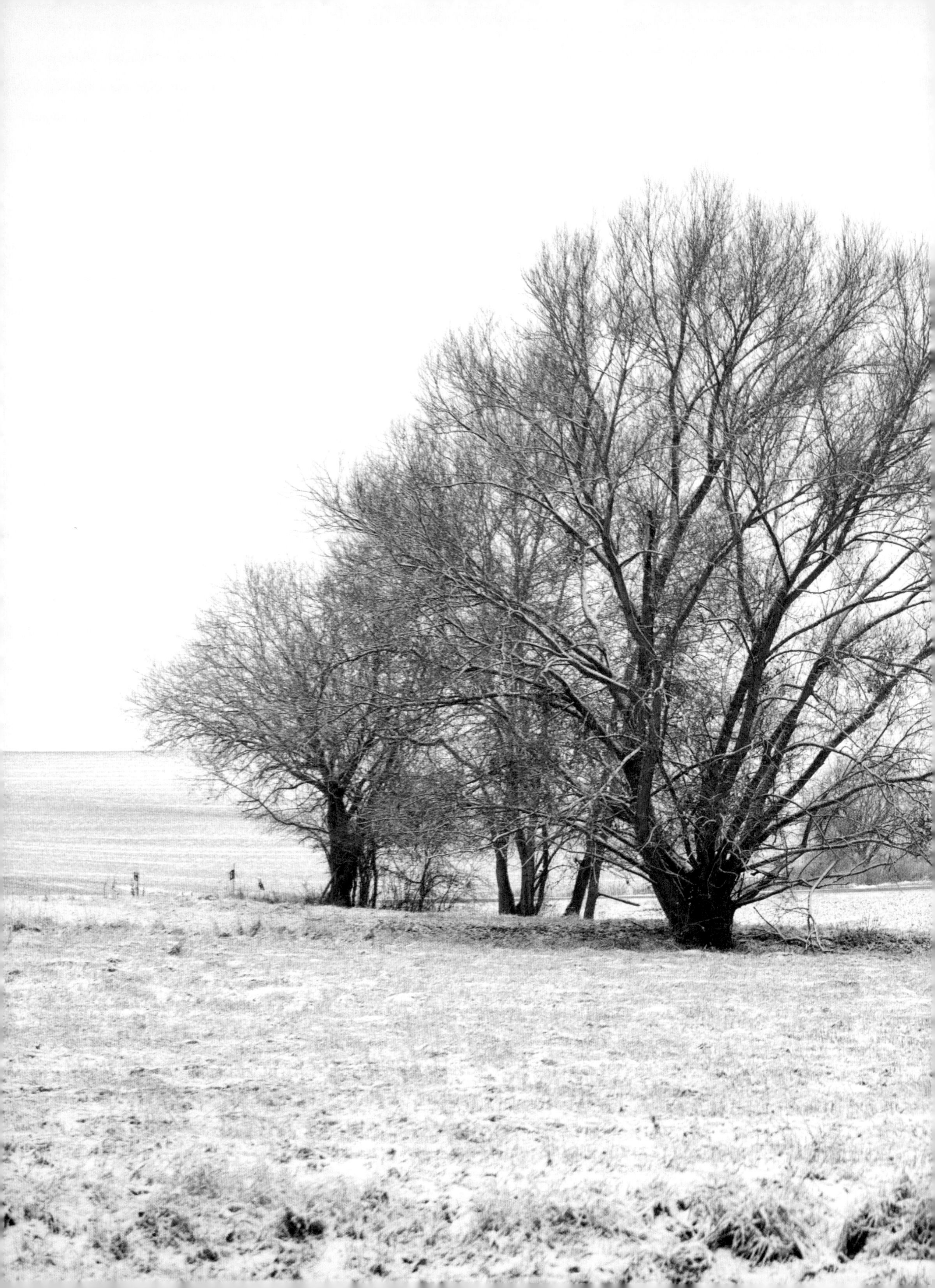

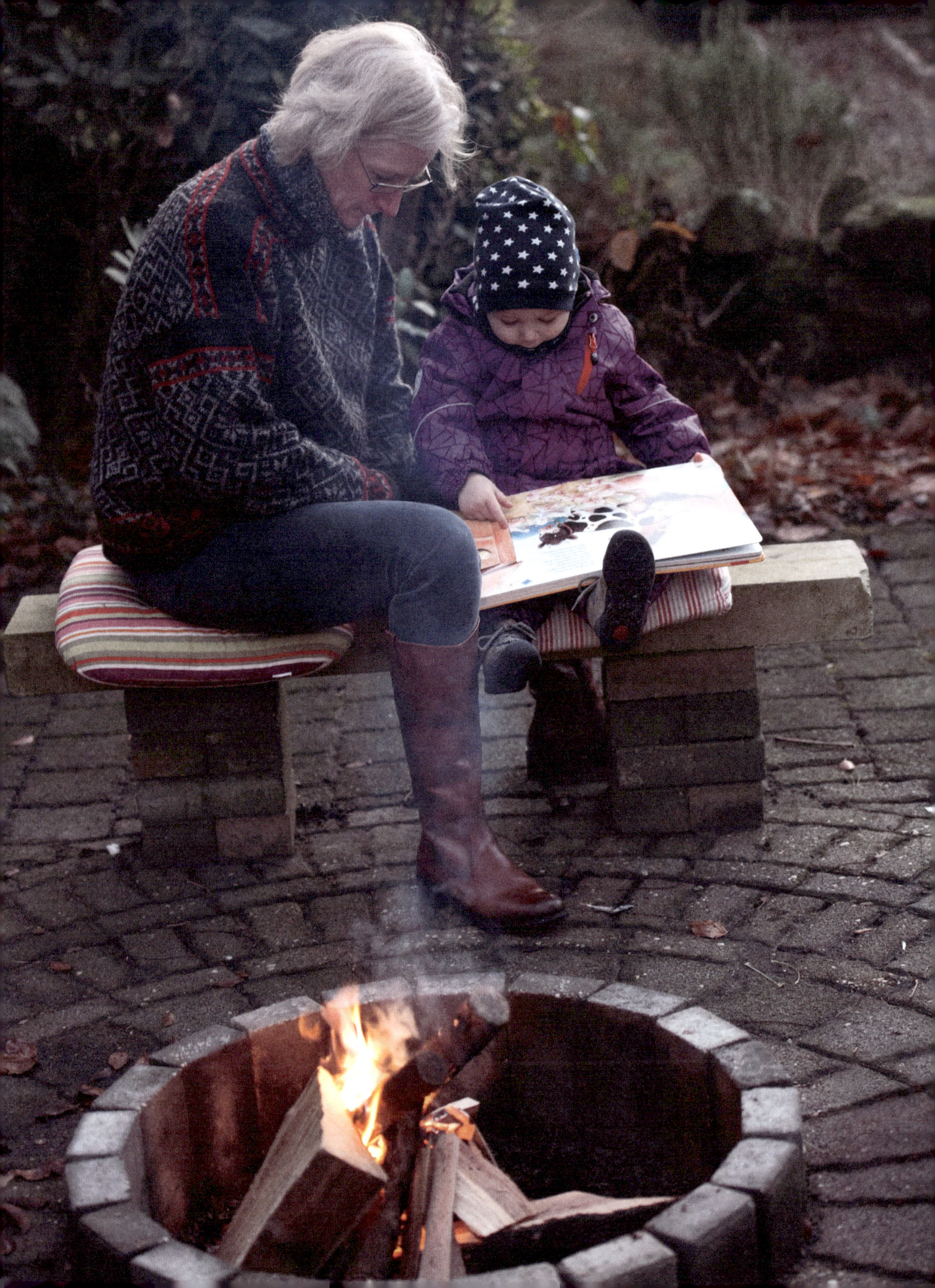

Ein Abend AM LAGERFEUER

Wer sagt, dass man nur an lauen Sommerabenden am Lagerfeuer sitzen kann? Warm eingemummelt und mit ausreichendem Holzvorrat, kann ein Winterabend am Lagerfeuer oder Feuerkorb zum besonderen Erlebnis werden.

Alles, was Sie brauchen, sind heiße Getränke, die von innen wärmen (ein paar Vorschläge finden Sie im Kapitel Punsch & Glühwein, Seite 49–55) und ein paar herzhafte Snacks (z. B. Stockbrot mit Dip, Rezepte Seite 68–73), eine gesellige Runde, ein trockener Platz im Garten, an dem man Feuer machen kann, und ein paar Sitzgelegenheiten. Kissen, Decken, Mützen, dicke Pullover und warme Socken verhindern, dass Ihnen die Kälte in die Knochen kriecht.

Zelebrieren Sie die gemeinsamen Vorbereitungen und machen Sie sie zum Event: Das Holz fürs Feuer aufschichten und anzünden, die Stecken fürs Stockbrot schneiden und schälen, den Teig kneten, um die Stecken winden, über dem Feuer backen und dann mit Dip oder Kräuterbutter verspeisen – all das steht für besonderen, ursprünglichen und unvergesslichen Genuss. Nehmen Sie die Eindrücke dieses Winterabends mit allen Sinnen auf: den rauchigen Geschmack auf der Zunge, den Duft nach frisch gebackenem Brot, das Knistern des Feuers, der Anblick von Glut und Flammen; Sie werden sicher noch lang davon zehren!

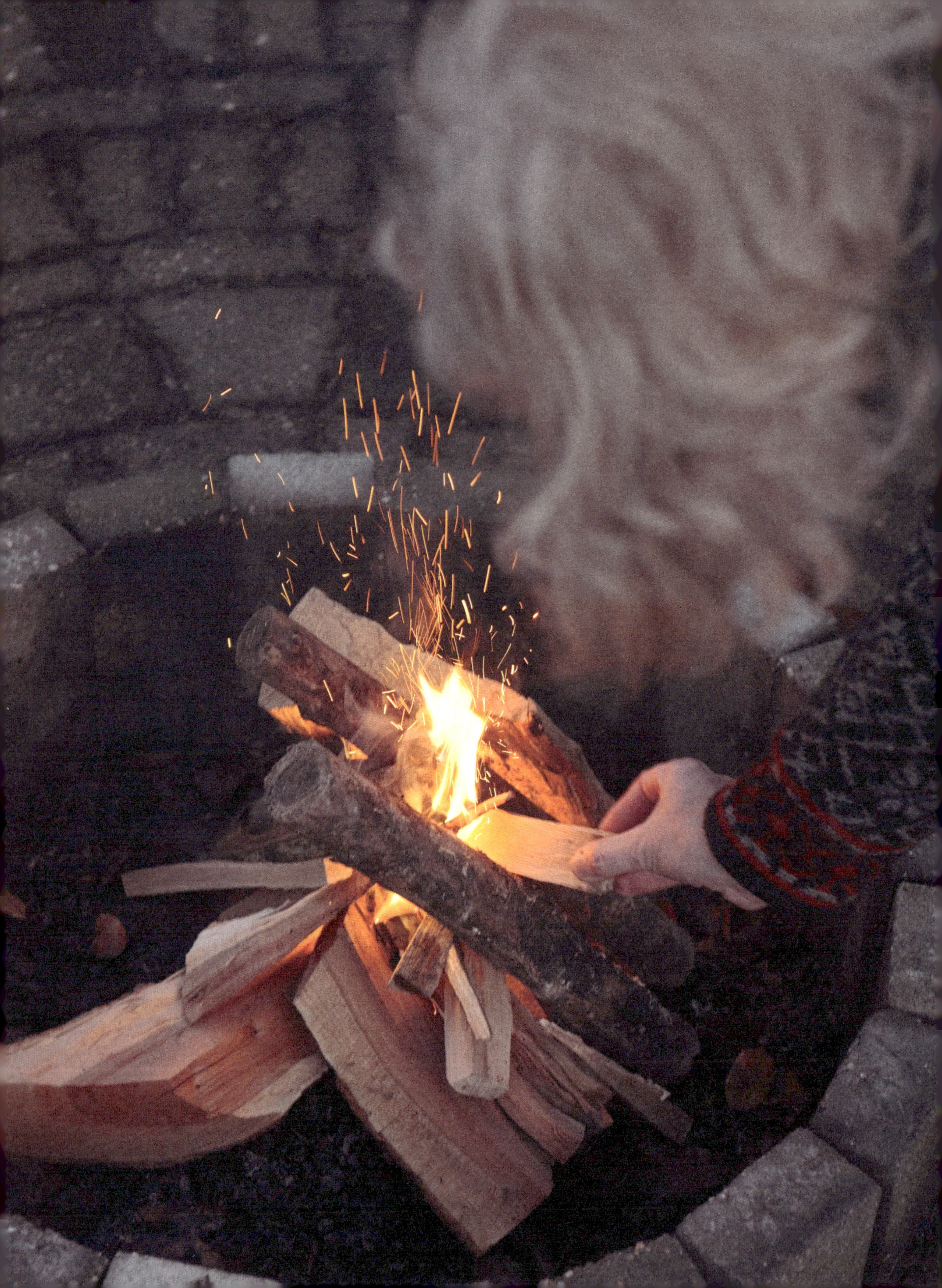

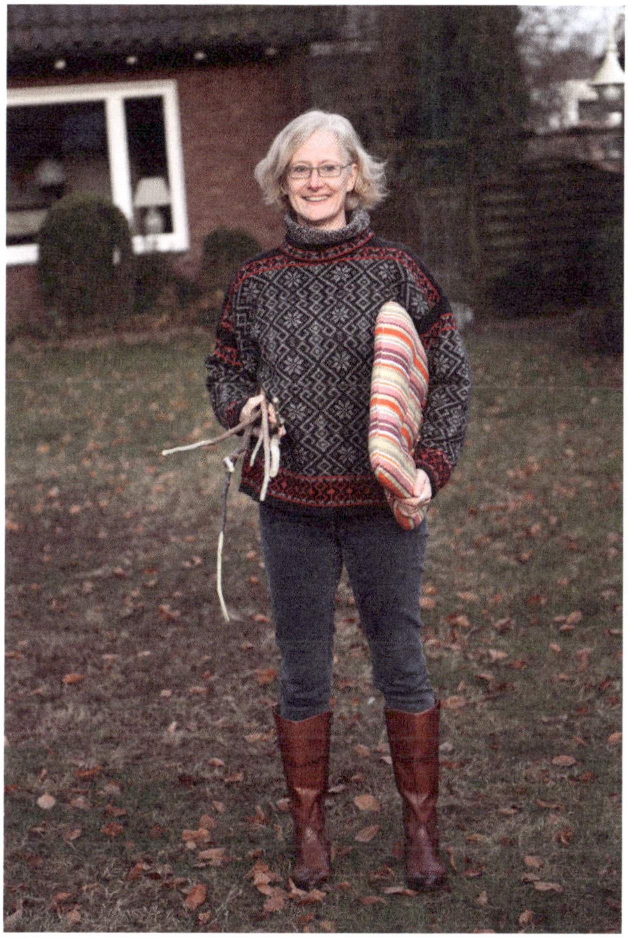

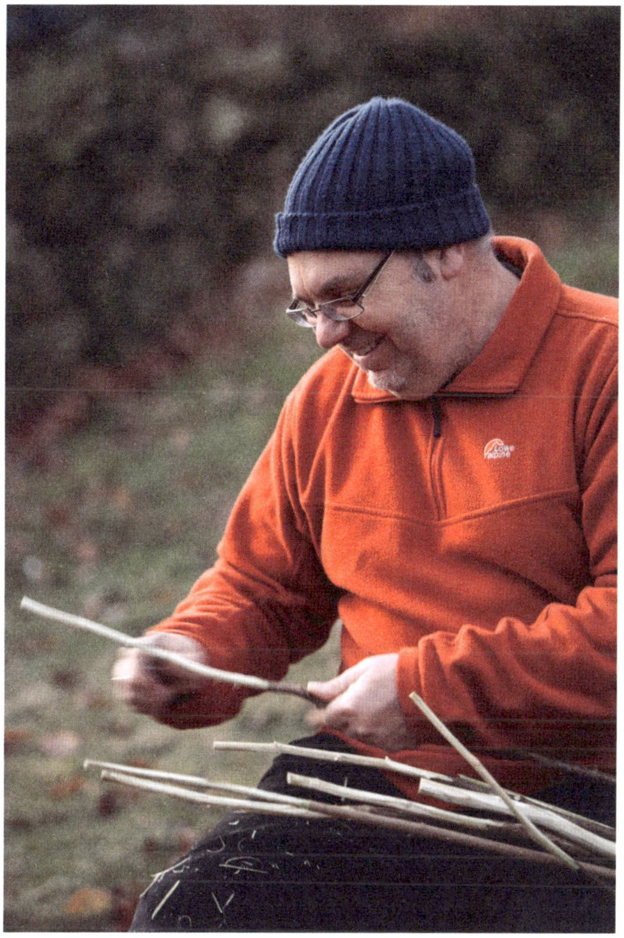

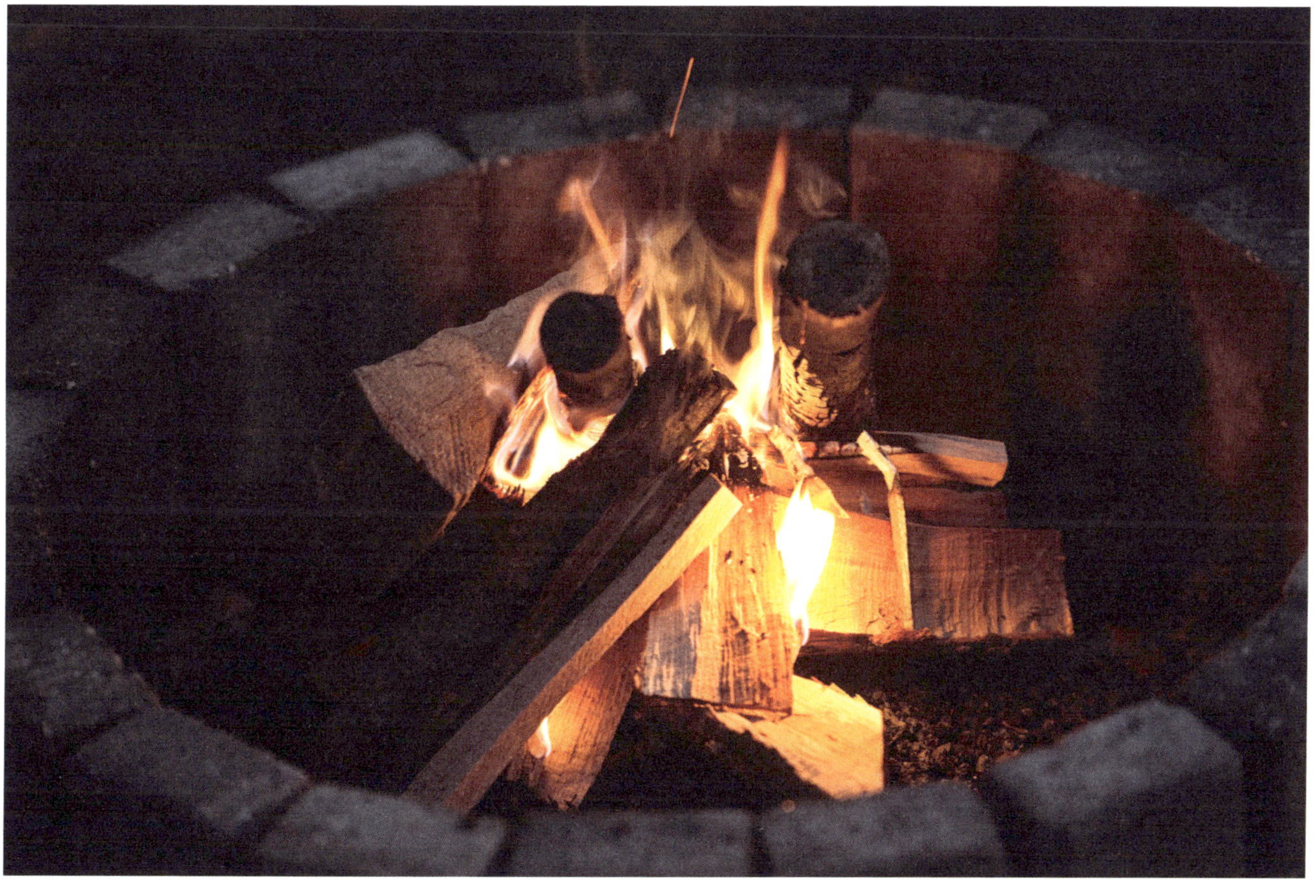

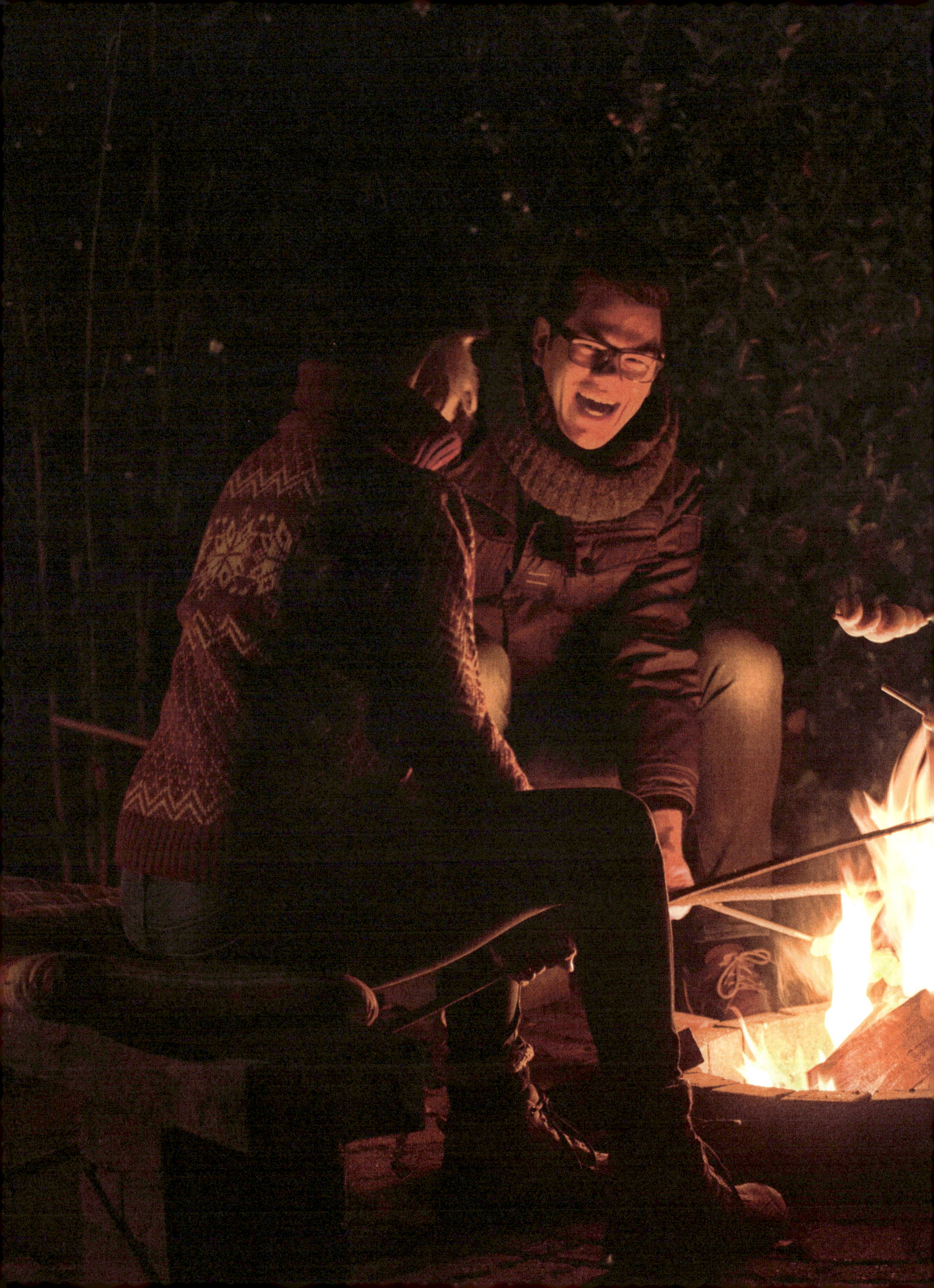

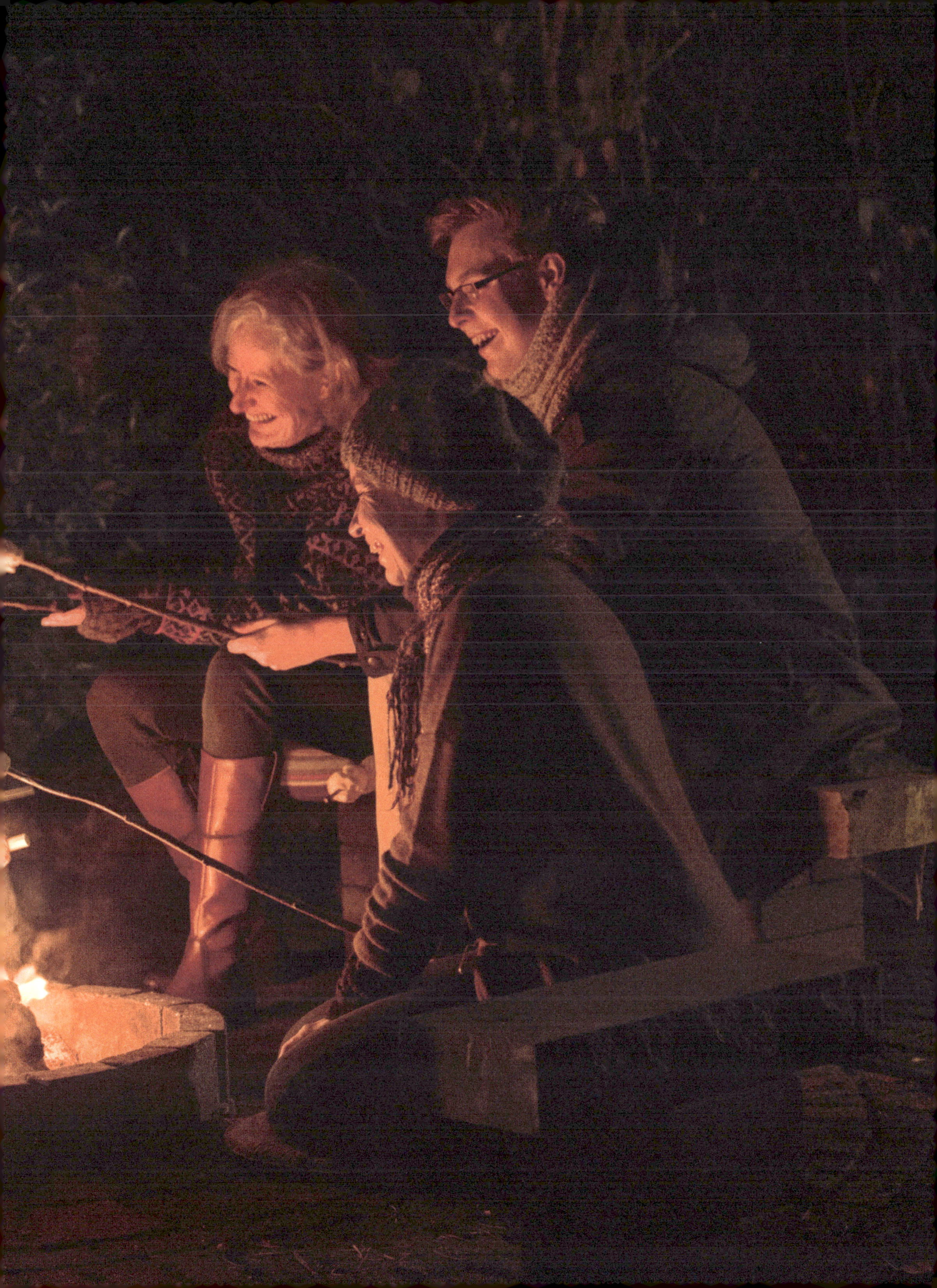

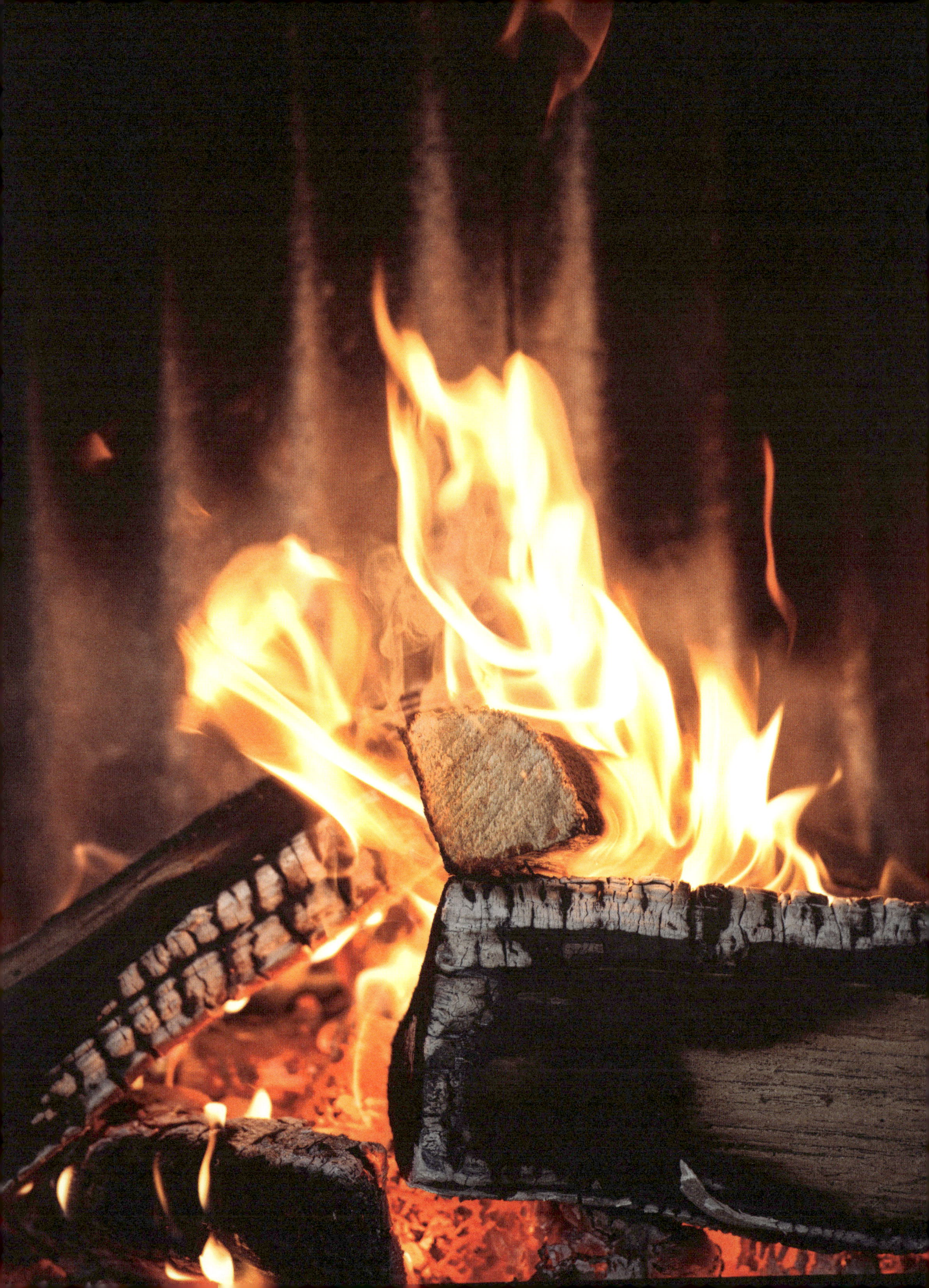

DAS FEUER

Hörst du, wie die Flammen flüstern,
Knicken, knacken, krachen, knistern,
Wie das Feuer rauscht und saust,
Brodelt, brutzelt, brennt und braust?

Siehst du, wie die Flammen lecken,
Züngeln und die Zunge blecken,
Wie das Feuer tanzt und zuckt,
Trockne Hölzer schlingt und schluckt?

Riechst du, wie die Flammen rauchen,
Brenzlig, brutzlig, brandig schmauchen,
Wie das Feuer, rot und schwarz,
Duftet, schmeckt nach Pech und Harz?

Fühlst du, wie die Flammen schwärmen,
Glut aushauchen, wohlig wärmen,
Wie das Feuer, flackrig-wild,
Dich in warme Wellen hüllt?

Hörst du, wie es leiser knackt?
Siehst du, wie es matter flackt?
Riechst du, wie der Rauch verzieht?
Fühlst du, wie die Wärme flieht?

Kleiner wird der Feuersbraus:
Ein letztes Knistern,
Ein feines Flüstern,
Ein schwaches Züngeln,
Ein dünnes Ringeln –
Aus.

JAMES KRÜSS

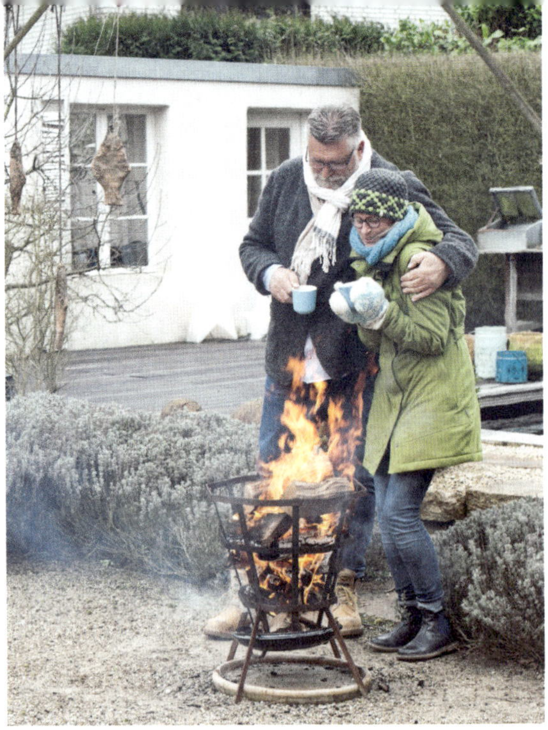

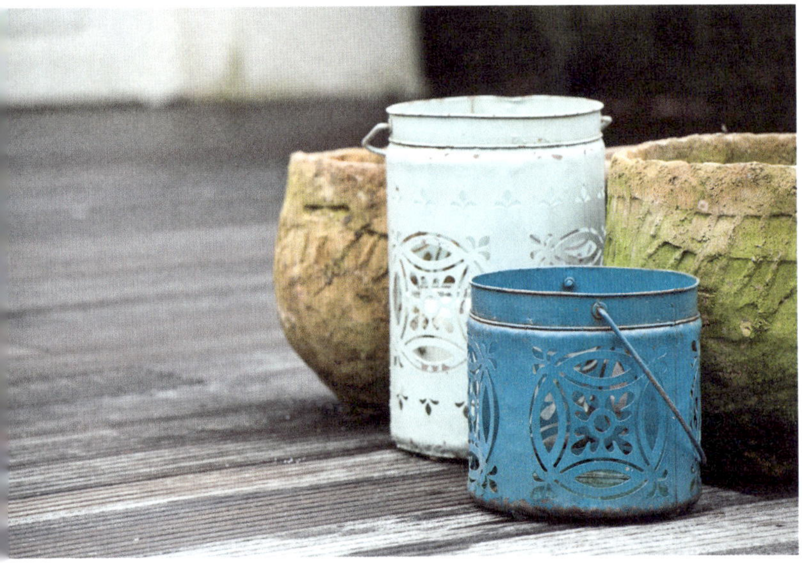

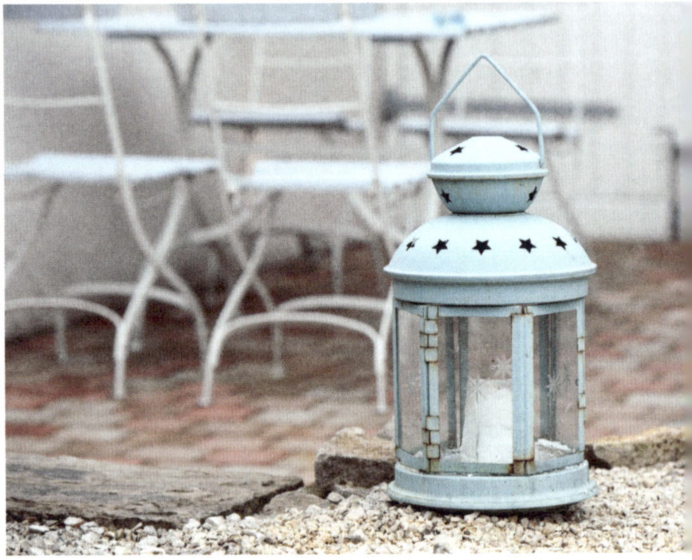

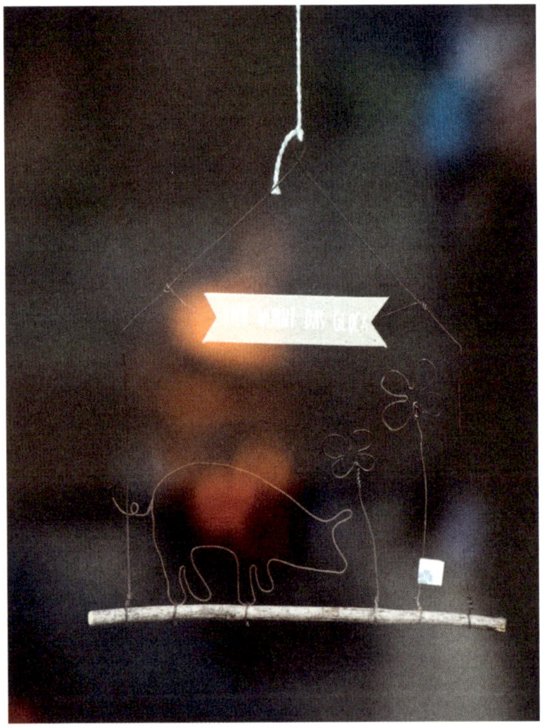

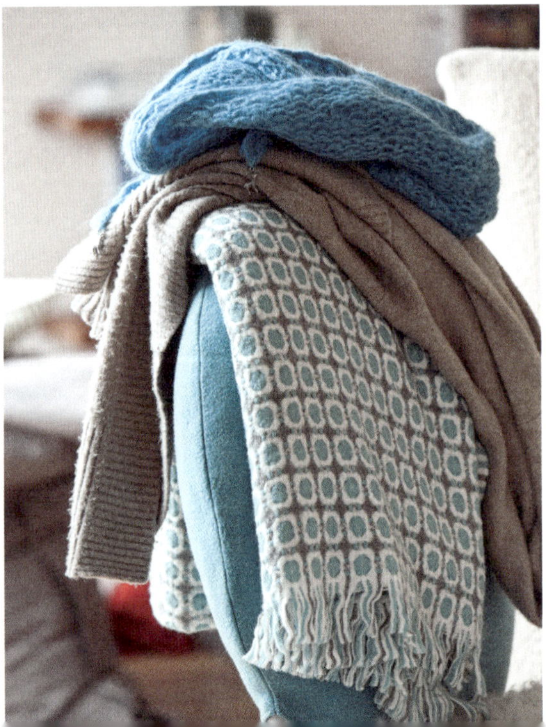

Winterliche Snacks AM FEUER

Wie gesagt: Entsprechend warm gekleidet und mit wärmenden Getränken ausgerüstet, kann es sehr reizvoll sein, einen Winterabend draußen im Garten zu verbringen, an einem knisternden Feuer zu sitzen und Stockbrot zu backen.

Die Stöcke hierfür schneiden Sie am besten von Hasel- oder Weidensträuchern. Wählen Sie junge, saftige Triebe von etwa 8 mm Durchmesser und 80 cm Länge. Entfernen Sie Blätter und Seitentriebe. Im oberen Bereich, um den der Teig gewickelt wird, muss die Rinde auf ca. 20 cm Länge entfernt werden. Das geht gut mit einem scharfen Taschenmesser. Bevor Sie das Brot über den Flammen garen, sollte das Feuerholz gut durchgeglüht sein und nicht mehr rauchen.

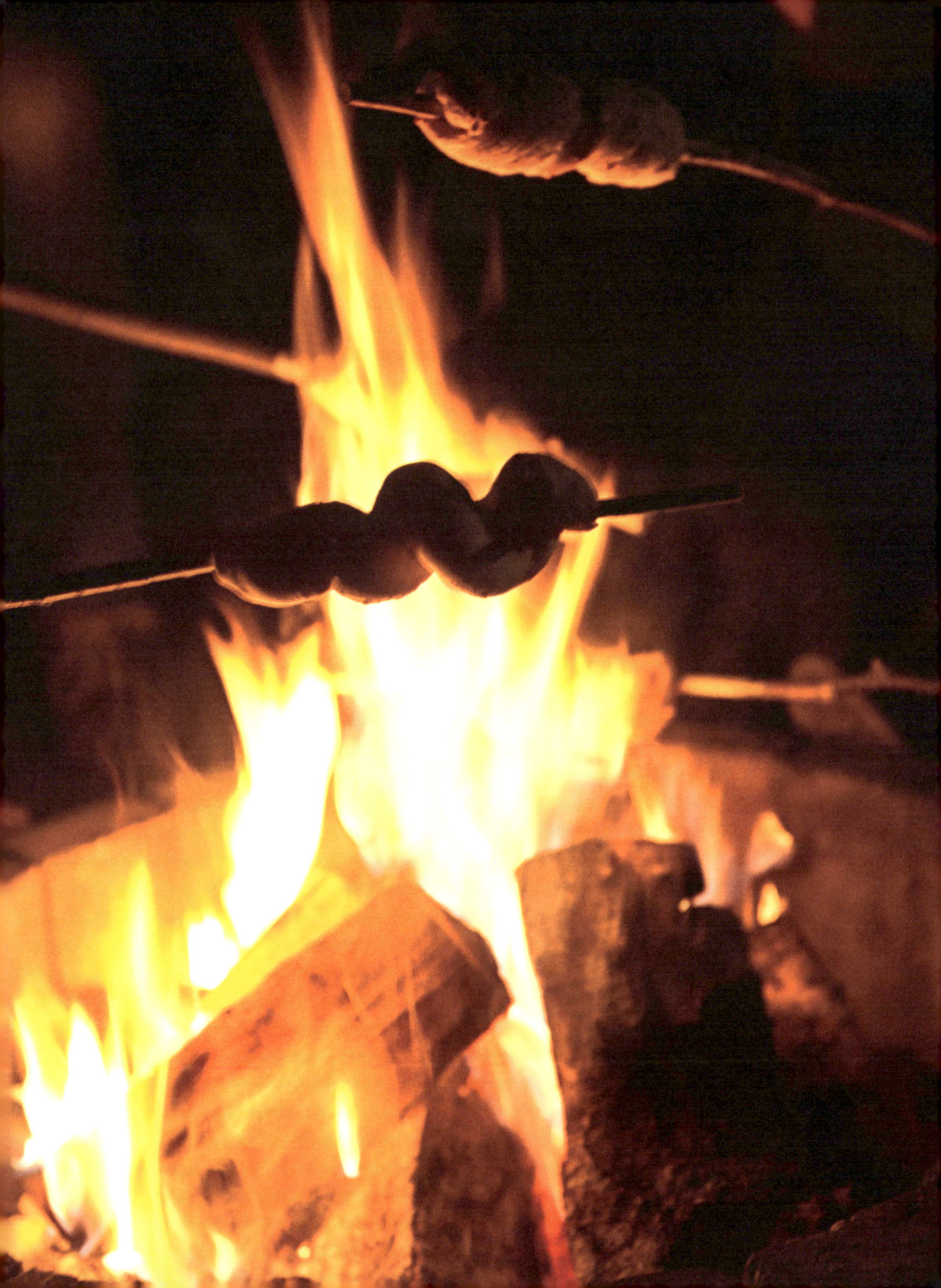

STOCKBROT
einfach

Für 10–12 Portionen:
500 g Mehl
150 ml Milch
1 Würfel Hefe (42 g)
1 Prise Zucker
1 TL Salz
1 EL Olivenöl

Das Mehl in eine Schüssel geben und in der Mitte eine Mulde hineindrücken. 200 ml lauwarmes Wasser und die Milch hineingeben, die Hefe hineinbröckeln und mit dem Zucker bestreuen. Den Inhalt der Mulde verrühren, dabei ein wenig Mehl vom Rand mitnehmen.

Salz und Olivenöl auf den Mehlrand geben, die Schüssel mit einem sauberen Küchentuch abdecken und den Vorteig an einem warmen Ort 30 Minuten gehen lassen.

Danach den Vorteig mit dem restlichen Mehl, dem Salz und dem Olivenöl gründlich verrühren und schließlich auf bemehlter Arbeitsfläche so lange kneten, bis ein weicher, seidiger und elastischer Teig entstanden ist. Diesen zur Kugel formen und abgedeckt weitere 40 Minuten gehen lassen. Abermals durchkneten und in 10–12 Portionen teilen.

Die Teigkugeln zu etwa 30 cm langen Strängen ausziehen und spiralförmig um die rindenfreien Enden der vorbereiteten Stöcke winden. Dabei zur Stockspitze hin etwas dicker werden. Über dem Feuer drehen und wenden, bis das Brot schön braun ist und sich beim Daraufklopfen hohl anhört. Dann vom Stock ziehen und z. B. mit Ziegenfrischkäse-Dip (Rezept S. 73) genießen.

Tipp:
Sie können die Teigmenge auch halbieren und zur Hälfte mit den ebenfalls halbierten Zutaten für das pikante Stockbrot (Rezept S. 70) mischen.

STOCKBROT pikant

Für 10–12 Portionen:
500 g Mehl
150 ml Milch
1 Würfel Hefe (42 g)
1 Prise Zucker
1 TL Salz
1 EL Olivenöl
1 rote Zwiebel
200 g Speckwürfel
100 g Käse (Gouda oder Emmentaler)

Aus Mehl, 200 ml lauwarmem Wasser, Milch, Hefe, Zucker, Salz und Olivenöl wie auf Seite 69 beschrieben einen Vorteig zubereiten und gehen lassen.

Währenddessen die Zwiebel schälen und sehr fein würfeln. Den Speck in einer beschichteten Pfanne ohne zusätzliches Fett kross ausbraten und abkühlen lassen. Den Käse reiben.

Die Zutaten nach dem Gehenlassen zum Vorteig geben und alles zusammen verkneten, bis ein seidig-weicher, elastischer Teig entstanden ist. Weitere 40 Minuten abgedeckt gehen lassen.

Danach abermals durchkneten und in 10–12 Portionen teilen.

Die Teigkugeln zu etwa 30 cm langen Strängen ausziehen und spiralförmig um die Spitzen der vorbereiteten Stöcke wickeln. Über dem Feuer drehen und wenden, bis sich das Brot beim Daraufklopfen hohl anhört. Dann vom Stock ziehen und genießen.

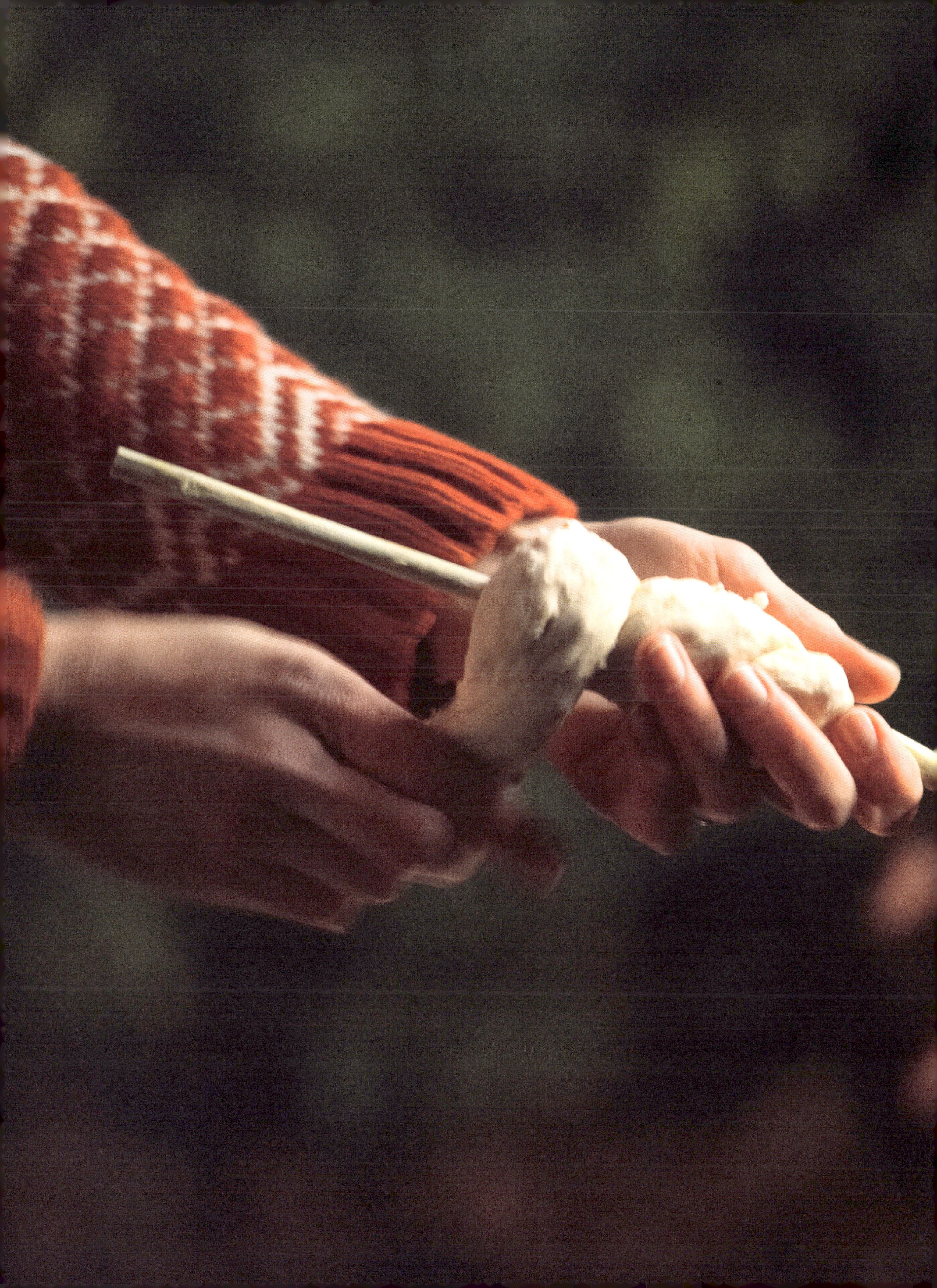

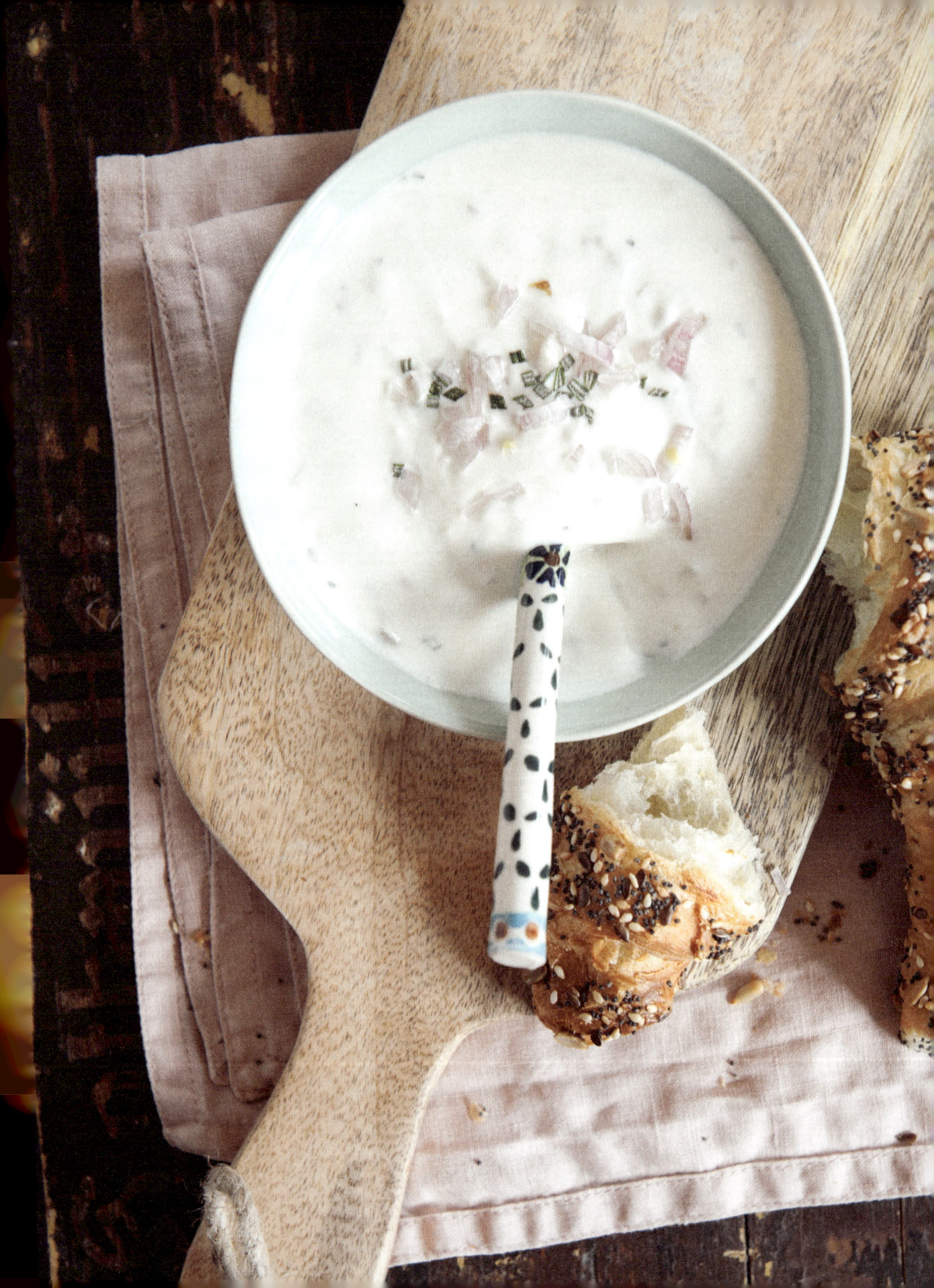

ZIEGENFRISCHKÄSE
Dip

Für 6 Personen:
1 kleine rote Zwiebel
1 Knoblauchzehe
150 g Ziegenfrischkäse
150 g griechischer Joghurt
1 EL flüssiger Honig
1 EL Zitronensaft
1 TL getrockneter Thymian
Salz
frisch gemahlener Pfeffer

Zwiebel und Knoblauch schälen und in sehr feine Würfel schneiden. Ein paar Zwiebelwürfel für die Dekoration beiseitestellen. Den Ziegenfrischkäse mit Joghurt und Honig glatt rühren. Zwiebel- und Knoblauchwürfel zugeben. Mit Zitronensaft, Thymian, Salz und Pfeffer abschmecken. Den Dip in ein Schälchen füllen, mit den restlichen Zwiebelwürfeln bestreuen und zu frischem Brot oder heißen Pellkartoffeln servieren.

Tipp:
Wenn Sie lieber einen streichfähigen Dip möchten, ersetzen Sie den griechischen Joghurt durch Frischkäse mit Joghurt.

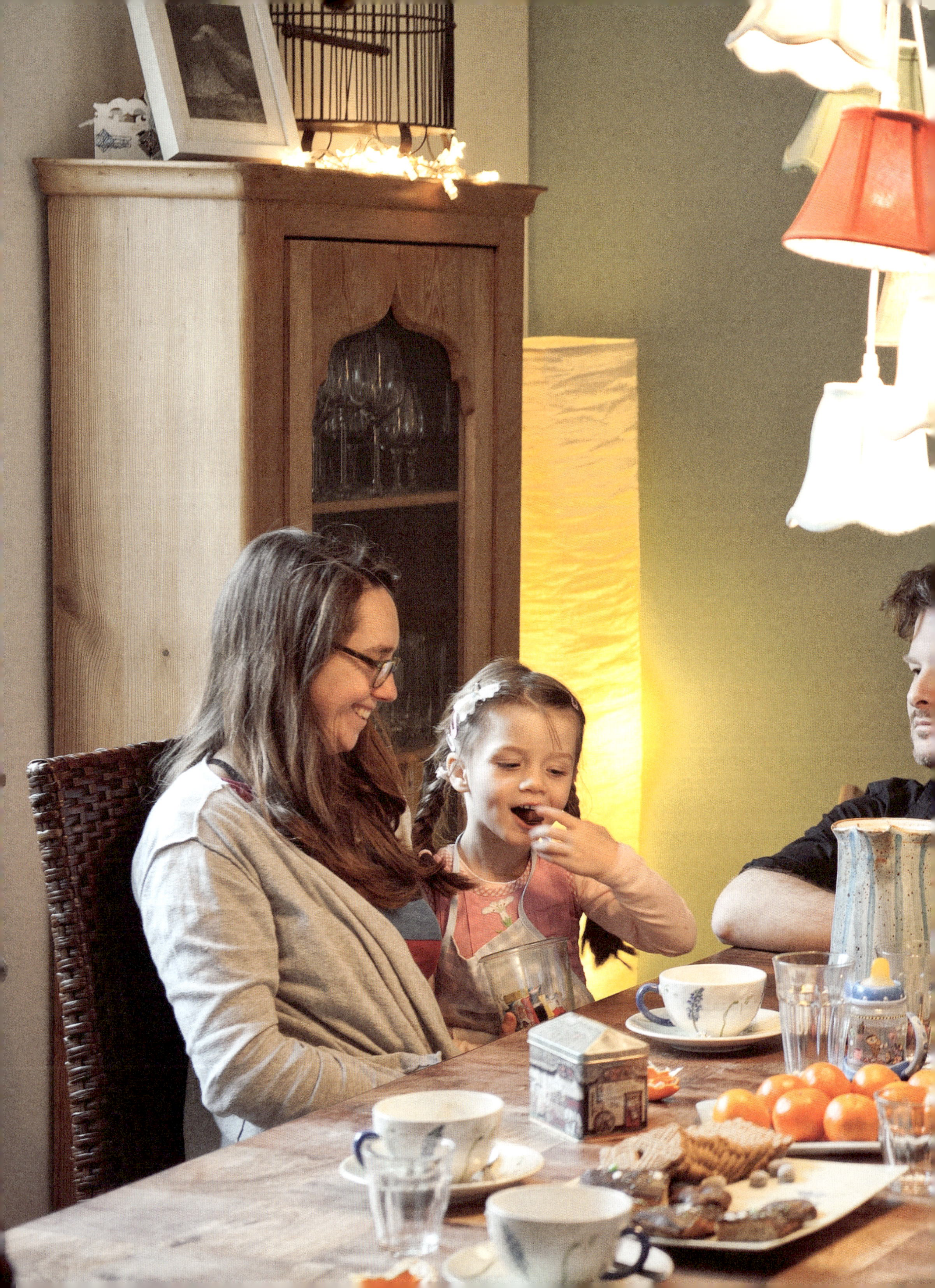

Hygge, so nennen die Dänen diese besondere Gemütlichkeit, die durch warme Lichtoasen, Naturholzmöbel und gedeckte Farben entsteht.

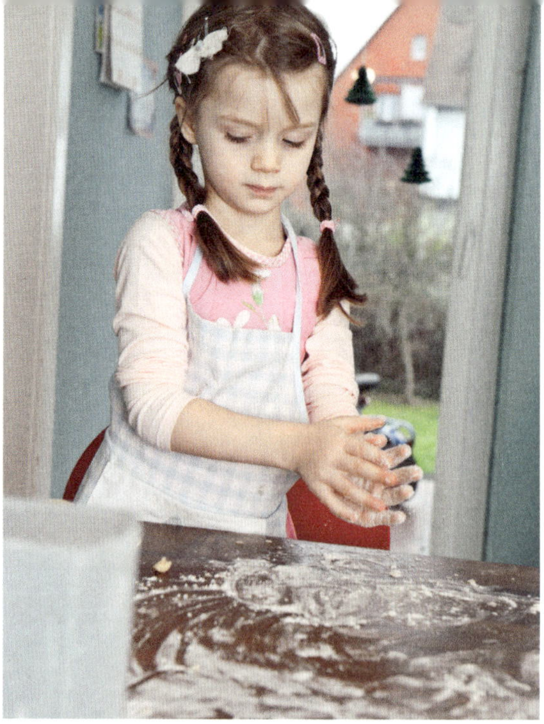

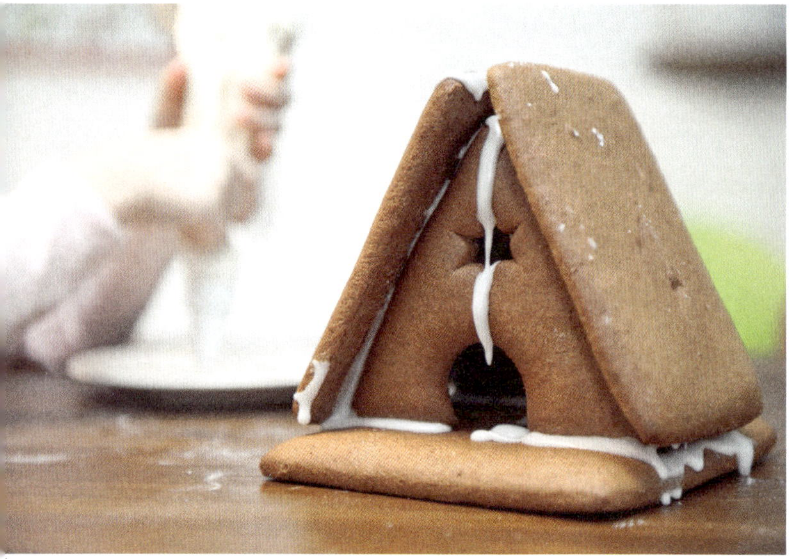

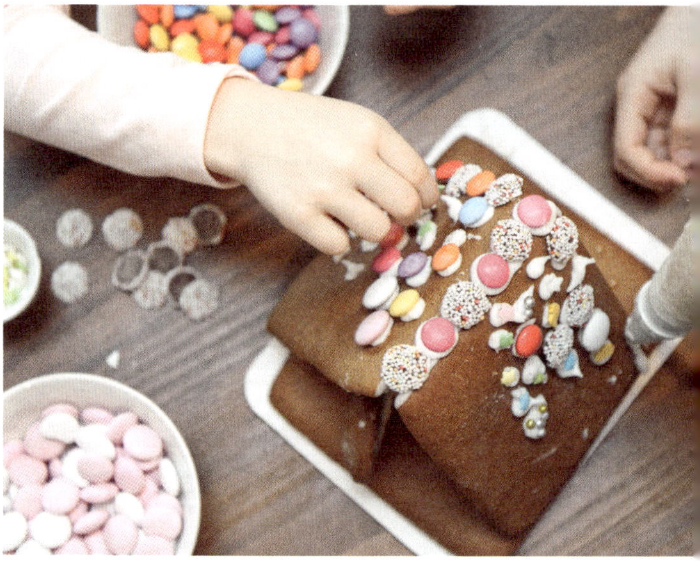

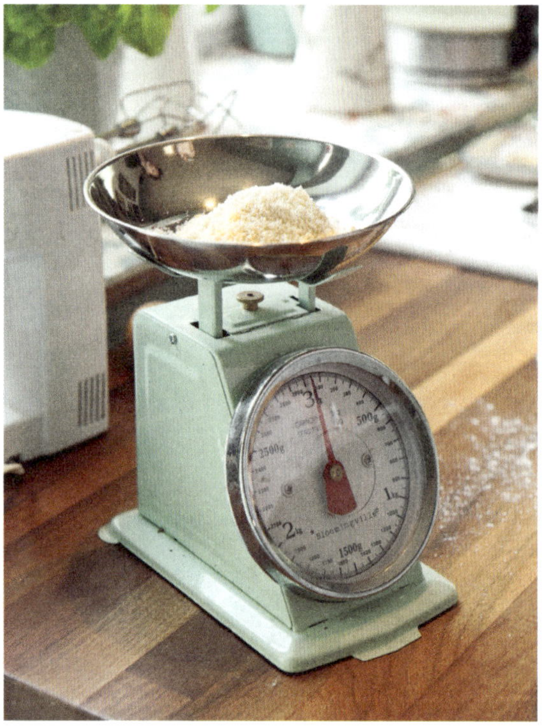

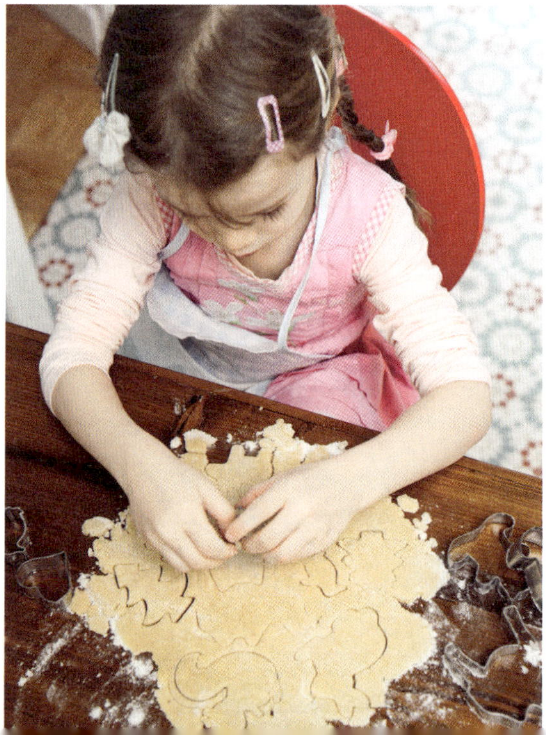

Adventssonntag MIT KINDERN

Für Kinder ist die Vorweihnachtszeit eine Zeit voll spannungsgeladener Erwartung, süßer Heimlichkeiten, ungebremster Vorfreude und wunderbarer Traditionen. Welches Kind liebt sie nicht, die vorweihnachtlichen Bräuche und Rituale?

Das Backen und Basteln eignet sich wunderbar dazu, Kinder in die weihnachtlichen Vorbereitungen mit einzubeziehen und die lange Wartezeit angenehm zu gestalten. Auch die ganz Kleinen können schon ein wenig Teig kneten oder Mehl auf der Arbeitsplatte verteilen. Das Abwiegen, Mischen, Rühren und Ausrollen sollte natürlich von Erwachsenen begleitet werden.

Einfache Butterplätzchen sind das perfekte Kinderbackwerk. Der Teig kann in kleine Portionen geteilt werden, die nach und nach ausgerollt und ausgestochen werden. Die fertigen Plätzchen dürfen dann nach Herzenslust dekoriert und genascht werden. Es ist verblüffend, welche Ausdauer die Kinder dabei entwickeln! Benutzen Sie zum Bestreichen der Plätzchen am besten Kuvertüre, die im Wasserbad erhitzt wird. Das geht einfacher, als Blockschokolade zu schmelzen. Zuckerguss kann mit Lebensmittelfarbe beliebig eingefärbt werden. Ausstechplätzchen, die mit persönlichen Widmungen oder Namen versehen werden – ob aus Zuckerguss oder mit Buchstaben-Sets aus dem Supermarkt – sind wunderbare kleine Geschenke für Omas, Opas,

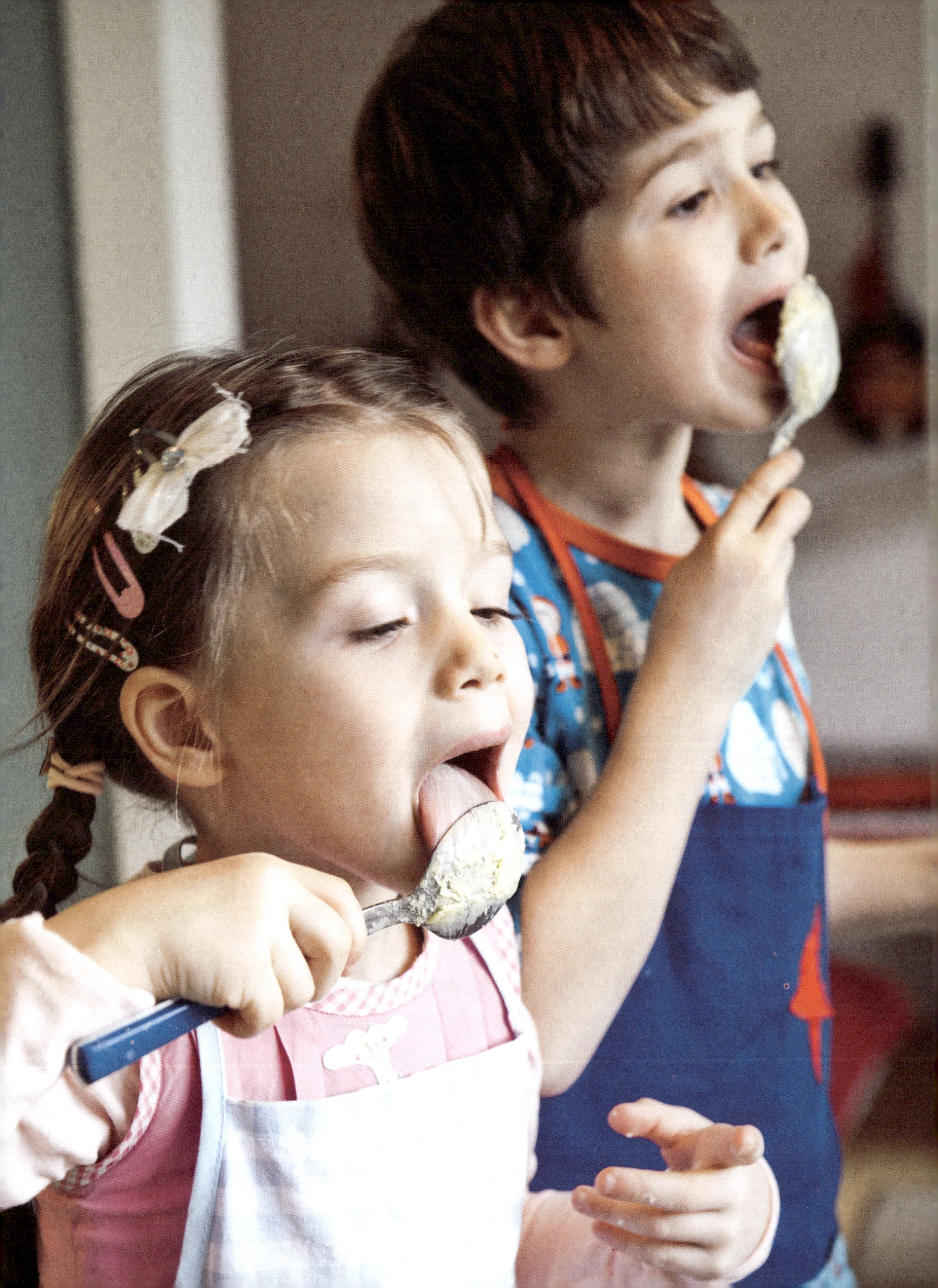

Tanten und Onkel. Diese können Sie in Zellophantüten, Einmachgläser oder selbst gebastelte Schachteln füllen und mit Bändern, Masking Tape oder Geschenkanhängern hübsch dekorieren.

Ein weiteres Paradestück ist das Lebkuchenhaus (Rezept S. 90). Manche Bäckereien bieten auch fertige Bausätze für Lebkuchenhäuser an. Sie müssen nur noch mit Zuckerguss zusammengesetzt und üppig dekoriert werden. Und das ist schließlich der größte Spaß! Besorgen Sie ausreichend Süßigkeiten zum Dekorieren. In den Supermärkten findet man spätestens ab Oktober ein großes Angebot an Zuckerperlen, -sternen und -augen, Schokolinsen sowie Schokokringel und -plätzchen, die mit kleinen Zuckerperlen bestreut sind, in allen Farben und Größen.

Wichtiger als ein perfektes Backergebnis ist hier das gemeinsame Backen selbst. Kleckern, Krümeln, Herumalbern und Naschen gehören auf jeden Fall dazu!

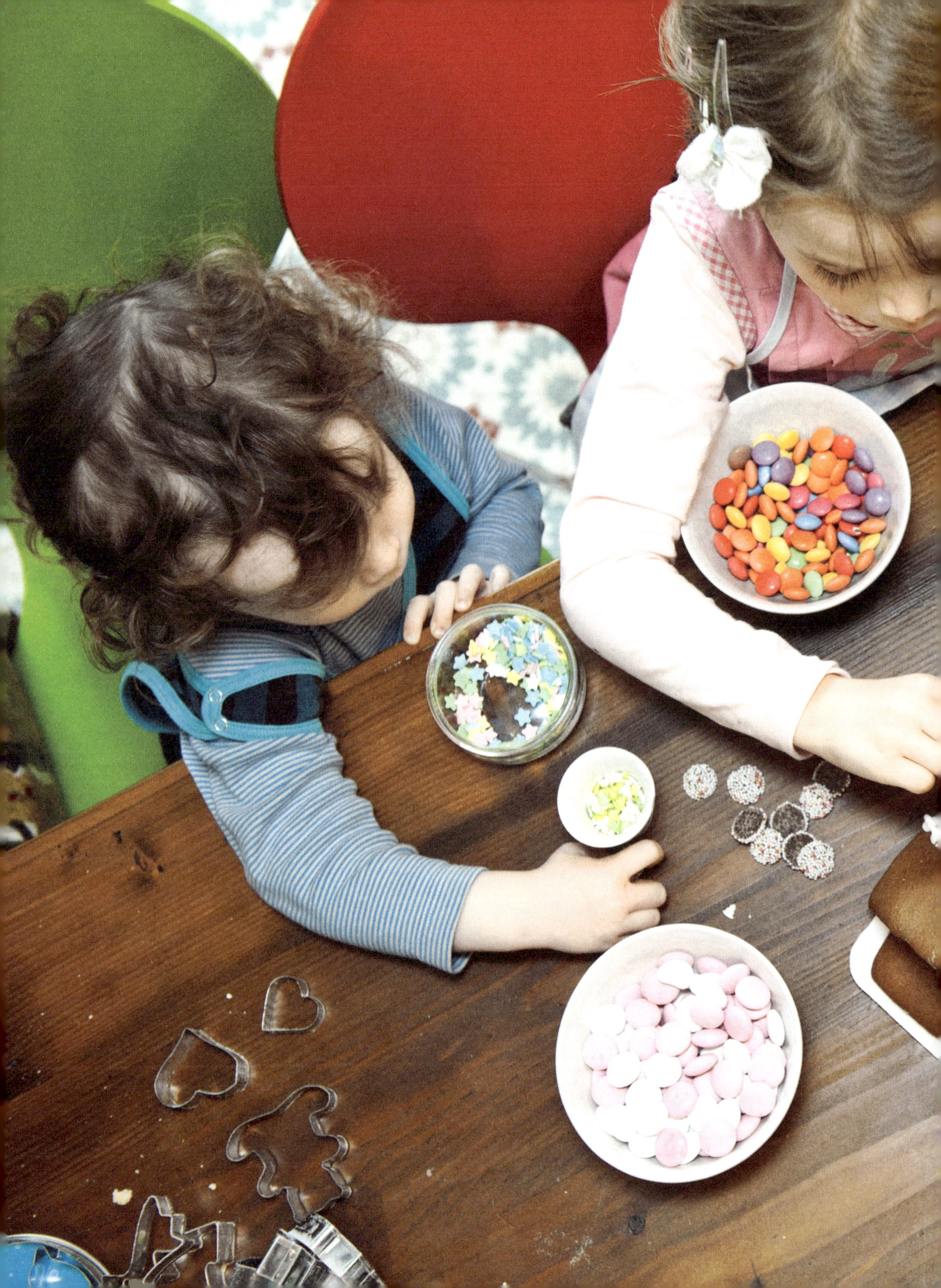

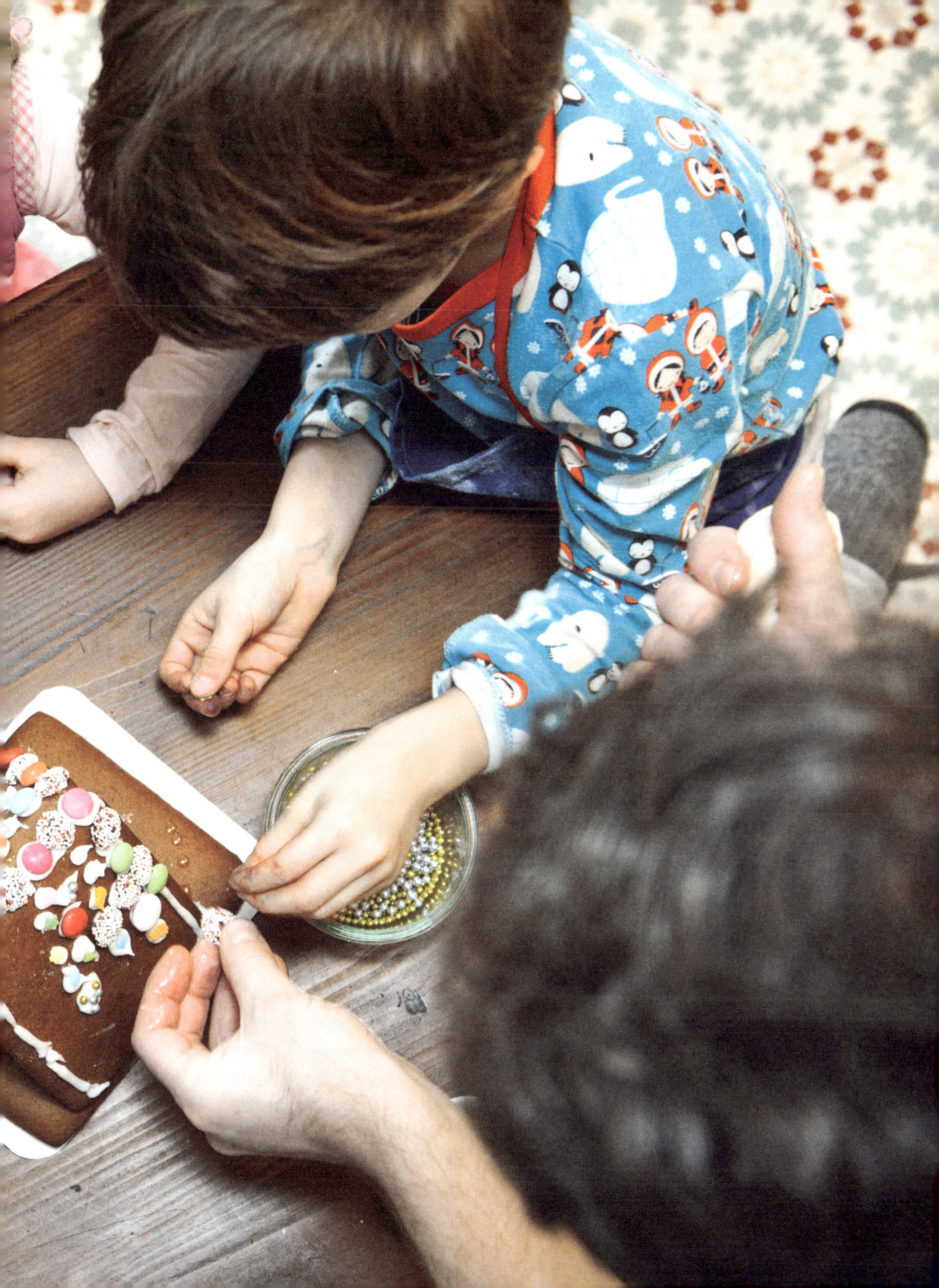

LIEBE GRÜSSE
VON LENNARD

KUSCHELTIER

TIGER

KUSCHELTIER

STAR WARS

WEINACHTEN SOLL GUT WERDEN

Kinder helfen bestimmt außer beim Backen auch mit großer Begeisterung beim Dekorieren von Fenstern und Fensterbänken oder der Herstellung von Weihnachtskarten und Christbaumschmuck mit. Sterne aus Papier, Goldfolie oder Strohhalmen sind besonders beliebt, da sie relativ leicht herzustellen und schön in der Wirkung sind. Schneemänner, Tannenbäume und Engel sind tolle Motive, die aus Buntpapiercollagen, selbst gemachten Stempeln (z. B. im Kartoffeldurck) oder Schablonen hergestellt werden oder auch aus Ton oder Pappmaché modelliert werden können. Goldfarbe oder -glitter sind dabei natürlich immer besondere Highlights! Bastel-Anregungen finden Sie in Büchern oder im Internet. Aber Sie könnten auch in Ihrer eigenen Vergangenheit forschen: Was haben Sie als Kind besonders gern gemacht?

Zum Abschluss könnten Sie mit den Kindern gemeinsam nach geeigneten Plätzen für die kleinen Kunstwerke suchen. Es macht sie bestimmt stolz, wenn sie dort jedes Jahr wieder ausgestellt werden. Vielleicht werden mit dem einen oder anderen selbstgebastelten Objekt auch die Großeltern oder die Paten überrascht?

Die Ergebnisse eines solchen gemeinsamen Bastelnachmittags sind mit Sicherheit von ganz besonderem Charme und schaffen unvergessliche Erinnerungen.

Ein wichtiges Hilfsmittel für Christkind oder Weihnachtsmann beim Beschenken der Kinder ist außerdem der Wunschzettel. Der kann per Post nach Himmelpfort, Himmelsthür, Engelskirchen, Himmelpforten oder Himmelstadt geschickt werden (Adressen hierfür finden Sie im Internet unter deutschepost.de). Von dort wird jede Weihnachtspost, die vor dem dritten Advent eingeht, auch wirklich beantwortet!

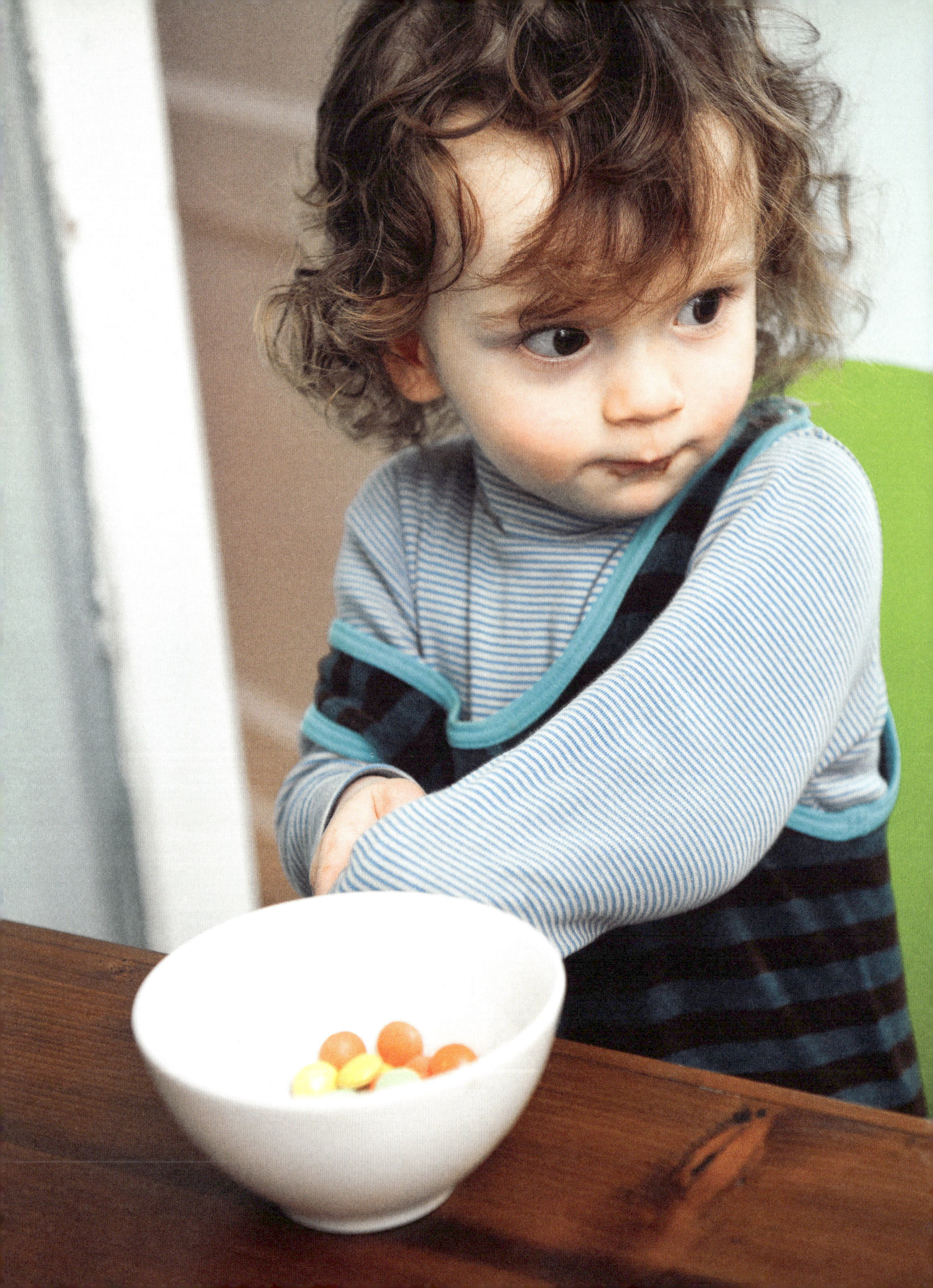

DIE WEIHNACHTSMAUS

Die Weihnachtsmaus ist sonderbar
(Sogar für die Gelehrten),
Denn einmal nur im ganzen Jahr
Entdeckt man ihre Fährten.

Mit Fallen oder Rattengift
Kann man die Maus nicht fangen.
Sie ist, was diesen Punkt betrifft,
Noch nie ins Garn gegangen.

Das ganze Jahr macht diese Maus
Den Menschen keine Plage.
Doch plötzlich aus dem Loch heraus
Kriecht sie am Weihnachtstage.

Zum Beispiel war vom Festgebäck,
Das Mutter gut verborgen,
Mit einem Mal das Beste weg
Am ersten Weihnachtsmorgen.

Da sagte jeder rundheraus:
Ich hab es nicht genommen!
Es war bestimmt die Weihnachtsmaus,
Die über Nacht gekommen!

Ein andres Mal verschwand sogar
Das Marzipan vom Peter,
Was seltsam und erstaunlich war,
Denn niemand fand es später.

Der Christian rief rundheraus:
Ich hab es nicht genommen!
Es war bestimmt die Weihnachtsmaus,
Die über Nacht gekommen!

Ein drittes Mal verschwand vom Baum,
An dem die Kugeln hingen,
Ein Weihnachtsmann aus Eierschaum
Nebst andren leckren Dingen.

Die Nelly sagte rundheraus:
Ich habe nichts genommen!
Es war bestimmt die Weihnachtsmaus,
Die über Nacht gekommen!

Und Ernst und Hans und der Papa,
Die riefen: Welche Plage!
Die böse Maus ist wieder da,
Und just am Feiertage!

Nur Mutter sprach kein Klagewort.
Sie sagte unumwunden:
Sind erst die Süßigkeiten fort,
Ist auch die Maus verschwunden!

Und wirklich wahr: Die Maus blieb weg,
Sobald der Baum geleert war,
Sobald das letzte Festgebäck
Gegessen und verzehrt war.

Sagt jemand nun, bei ihm zu Haus –
Bei Fränzchen oder Lieschen –
Da gäb es keine Weihnachtsmaus,
Dann zweifle ich ein bisschen!

Doch sag ich nichts, was jemand kränkt!
Das könnte euch so passen!
Was man von Weihnachtsmäusen denkt,
Bleibt jedem überlassen.

James Krüss

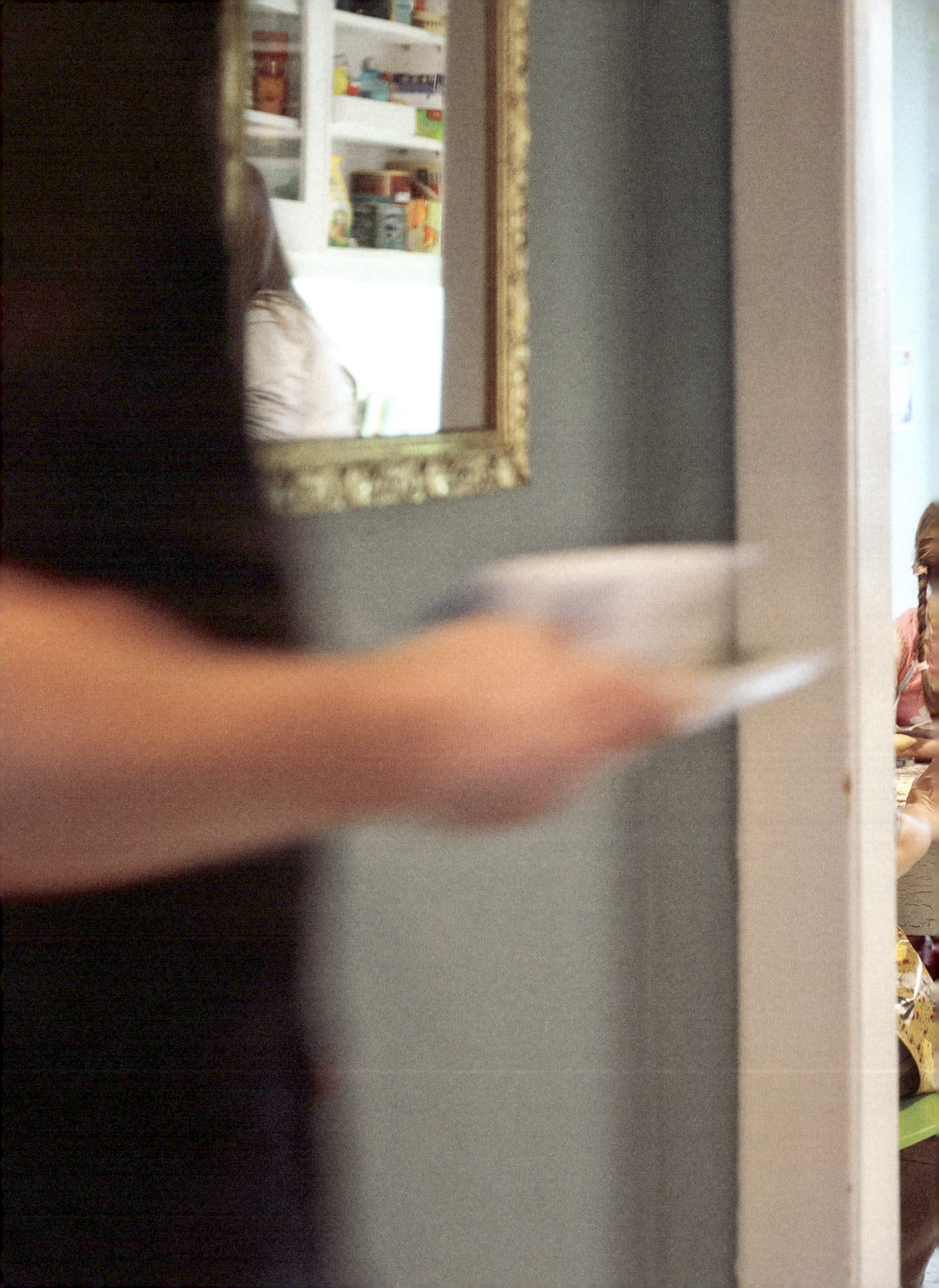

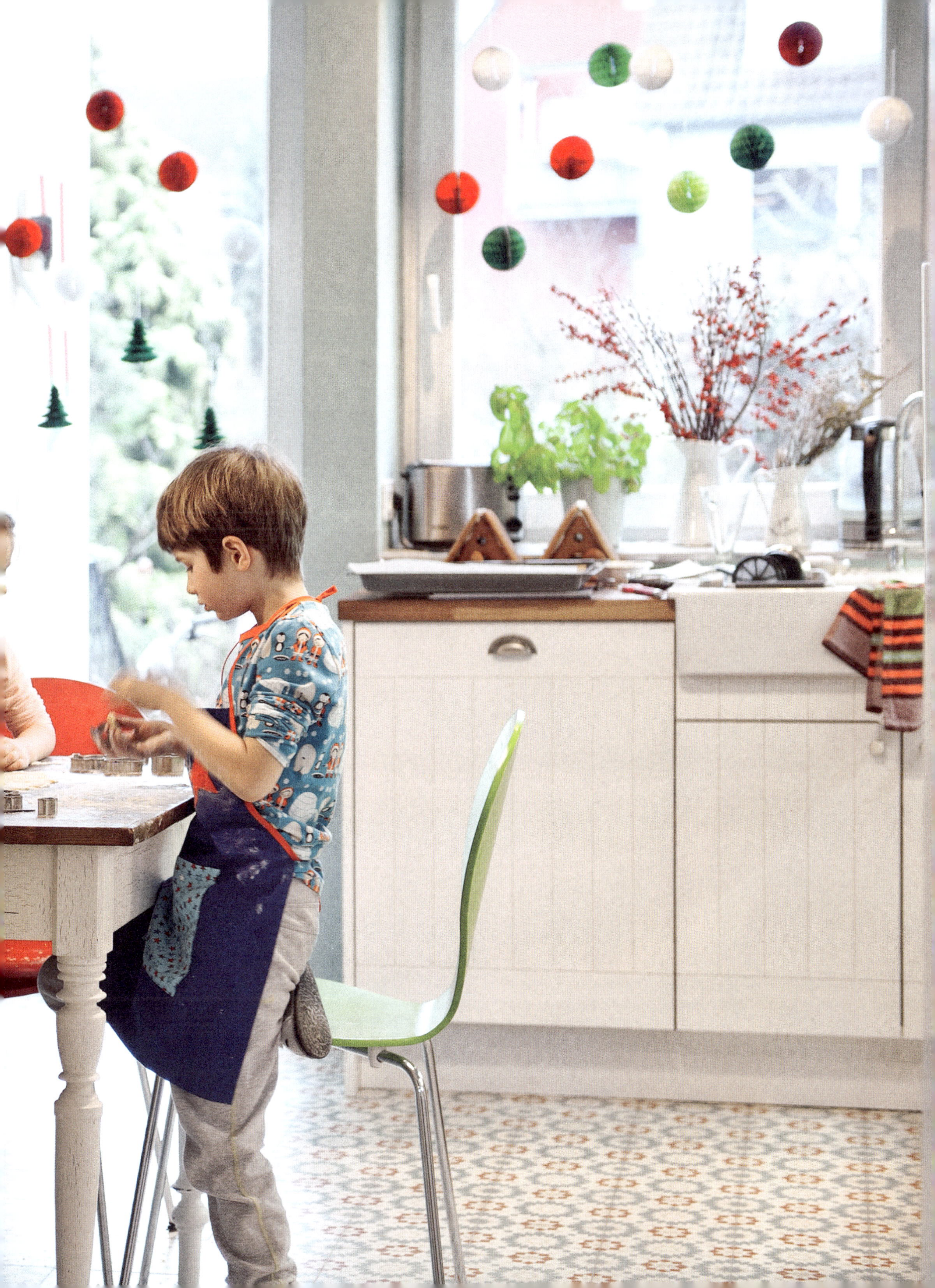

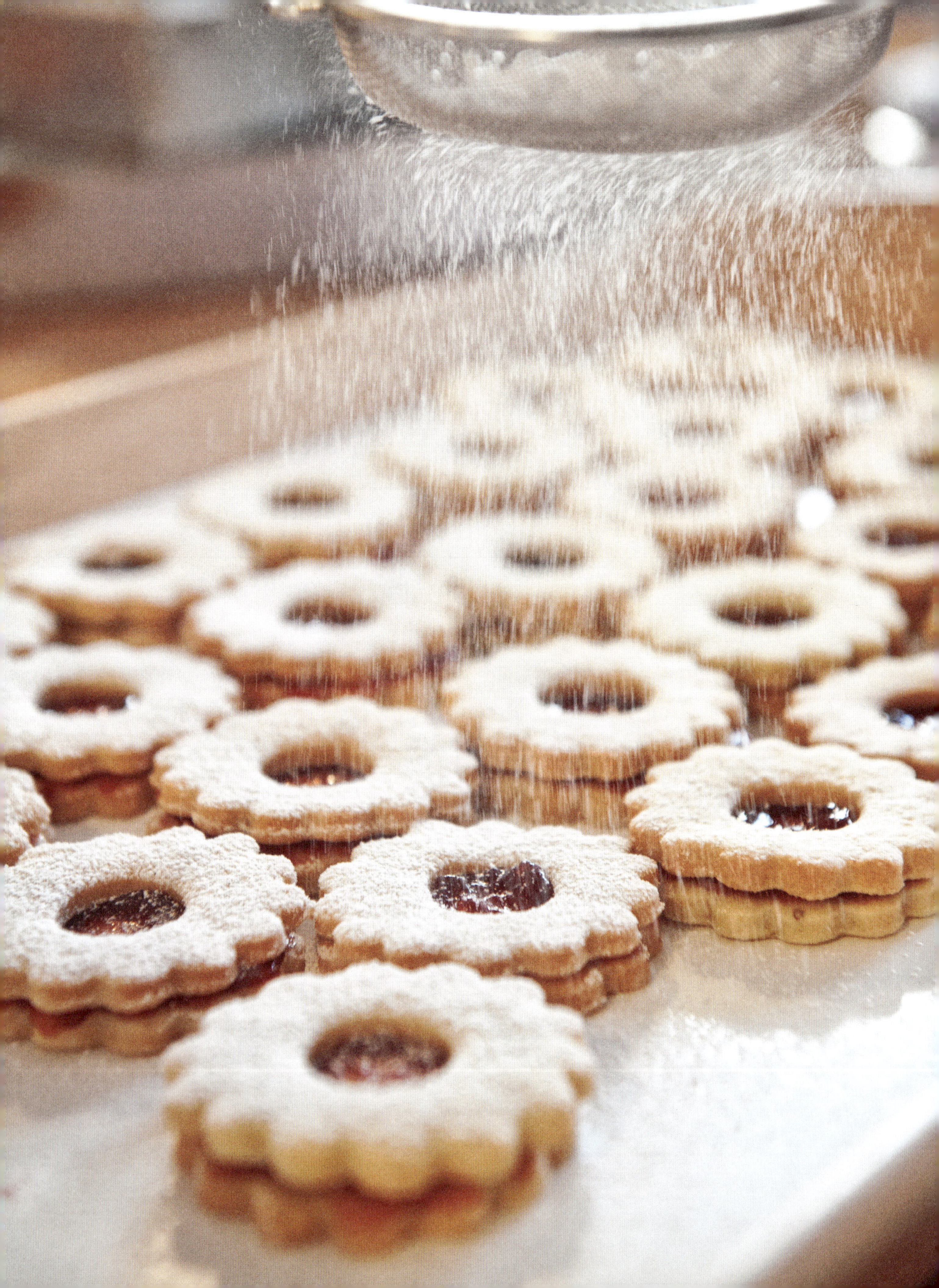

Weihnachtliches GEBÄCK

Das weihnachtliche Backen gehört zu Weihnachten wie der Baum und die Geschenke. Fast jede Region hat ihr eigenes Traditionsgebäck. Da gibt es Dresdner Stollen, Frankfurter Bethmännchen, Bremer Klaben, Aachener Printen und Nürnberger Lebkuchen, um nur einige zu nennen. Viele dieser Backrezepte sind recht zeitaufwendig und nicht ganz unkompliziert in der Herstellung. Wir haben hier aber ein paar Naschereien zusammengestellt, die relativ einfach herzustellen sind, und zu den Klassikern gehören. Damit auch bei ungeübteren Weihnachtsbäckern und -bäckerinnen bald der Duft nach Zimt und Mandeln durch das Haus zieht …

KUNTERBUNTES
Lebkuchenhaus

Für 1 Lebkuchenhaus:
ca. 15 (B) x 22 (T) x 20 (H) cm:
300 g Honig
75 g Zucker
2 Päckchen Vanillezucker
1 Ei
50 g weiche Butter
600 g Mehl
3 EL Kakaopulver
1 TL Lebkuchengewürz
3 gestr. TL Backpulver
100 g Sahne

Für den Zuckerguss:
200 g Puderzucker
1 Eiweiß

Für die Dekoration:
Schokolinsen
Schokoplätzchen mit Nonpareilles
Zuckersternchen
Liebesperlen in Gold und Silber

Den Backofen auf 200 °C vorheizen.

Honig, Zucker, Vanillezucker und Ei in einer Schüssel gut verrühren. Die weiche Butter zufügen. Mehl mit Kakao, Lebkuchengewürz und Backpulver mischen und mit der Honigmasse zu einem geschmeidigen Teig verkneten. Dabei nach und nach 4 EL Wasser zugeben. Den Teig auf einer mit Mehl bestäubten Arbeitsfläche 0,5 cm dick ausrollen. Schablonen für die Bauteile auf den Teig legen und mit einem Messer rundherum ausschneiden. Die Teile auf ein mit Backpapier ausgelegtes Backblech legen und im vorgeheizten Ofen 10–15 Minten backen. Herausnehmen, mit der Sahne bepinseln und vollständig auskühlen lassen.

Für den Zuckerguss den Puderzucker sieben und nach und nach so viel Eiweiß zugeben, bis eine dicke Paste entsteht. Diese in einen Spritzbeutel mit mittlerer Lochtülle füllen.

Zuerst die Giebelteile mit Zuckerguss auf die Bodenplatte kleben und einige Minuten vorsichtig andrücken, bis der Zuckerguss angetrocknet ist. Dann die Giebelflächen aufkleben. Den Zuckerguss als Eiszapfen auf die Kanten setzen. Dann Dach, Giebelflächen und Bodenplatte nach Herzenslust dekorieren. Dabei den Zuckerguss zum Ankleben benutzen und trocknen lassen.

Tipp:

Das Haus auf dem Foto besteht aus einem Rechteck für den Boden (ca. 15 x 22 cm), zwei Rechtecken fürs Dach (ca. 18 x 20 cm) und zwei Dreiecken für die Giebel (ca. 15 x 18 cm) mit Ausschnitten für Fenster und Tür. Schablonen für Lebkuchenhäuser gibt es im Internet. Halten Sie am besten vor dem Kleben einmal alle Teile an ihre Position, damit Sie genau wissen, was wohin gehört.

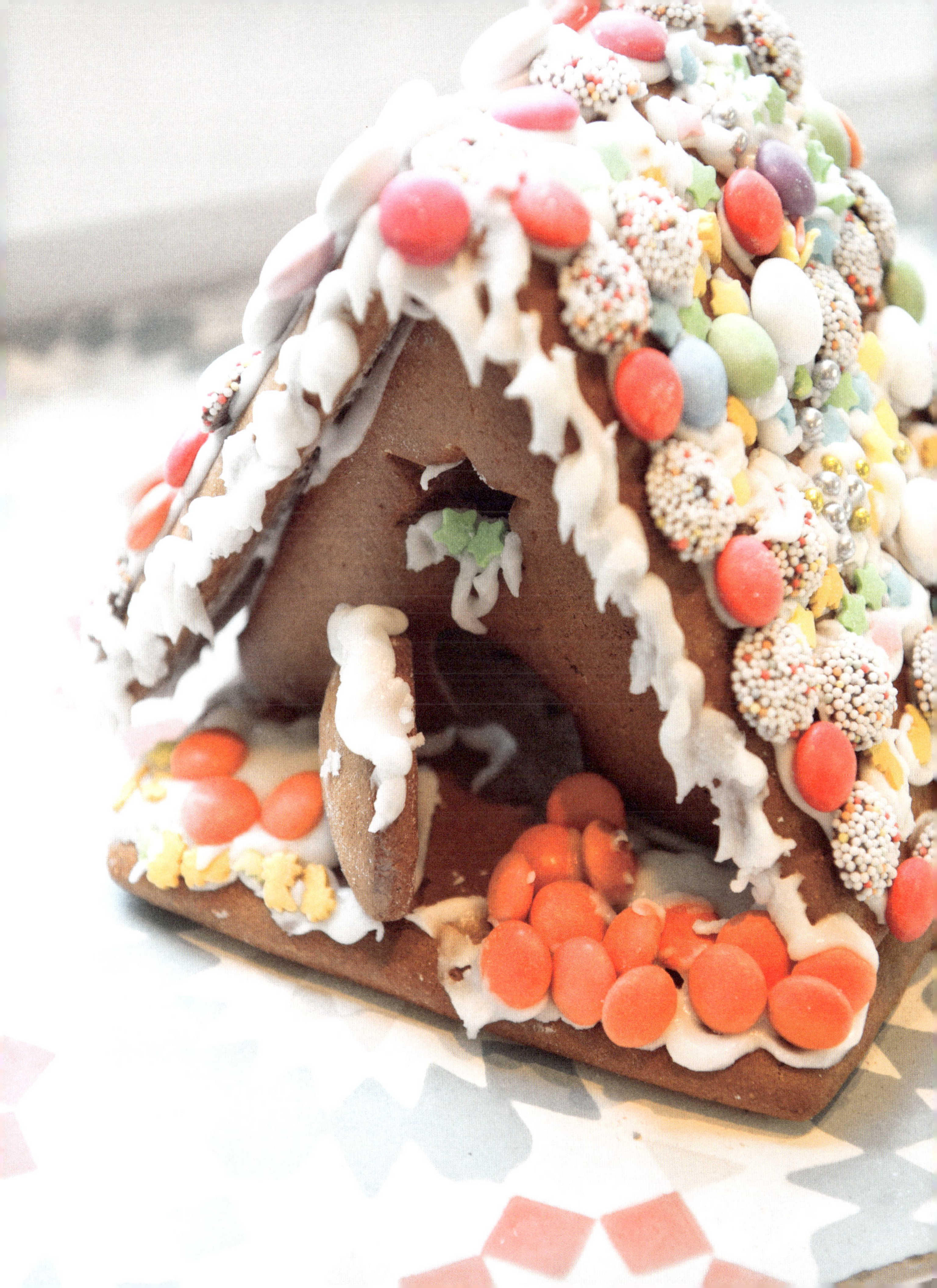

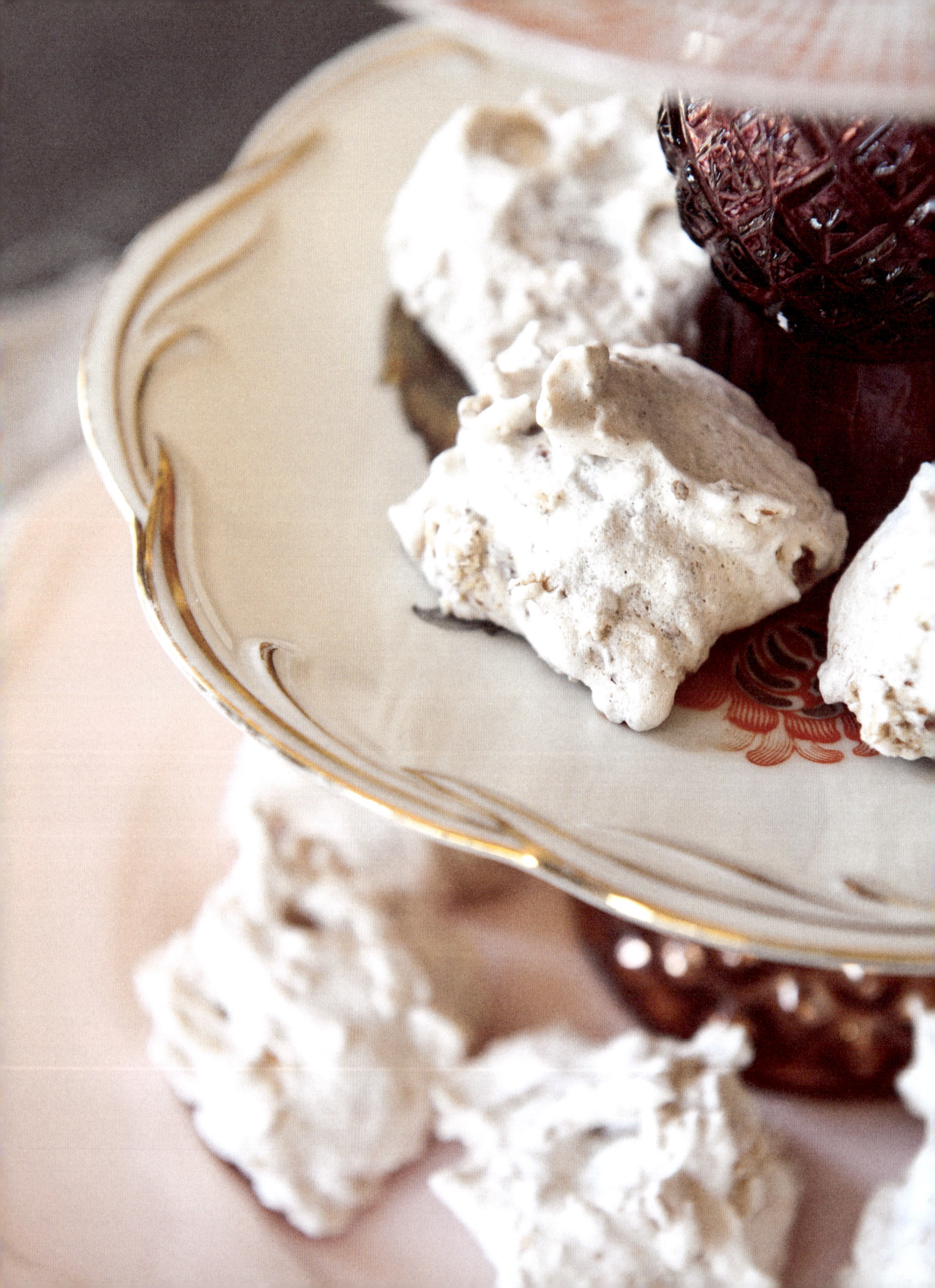

MAKRONEN
Kokos oder Haselnuss

Für ca. 80 Stück:
4 Eiweiß
200 g Zucker
2 Prisen Salz
2 Prisen Zimt
100 g Kokosraspel
100 g gemahlene Haselnüsse

Den Backofen auf 130 °C vorheizen.

Je 2 Eiweiße mit je 100 g Zucker und je 1 Prise Salz und Zimt zu steifem, schnittfestem Schnee schlagen.

Für die Kokosmakronen die Kokosraspel vorsichtig unter eine Portion Eischnee ziehen. Nur ganz kurz, denn durch das in Nüssen enthaltene Öl wird der Eischnee sonst flüssig. Mithilfe von zwei Teelöffeln walnussgroße Häufchen von der Masse auf ein mit Backpapier ausgelegtes Backblech setzen und im vorgeheizten Ofen 20–25 Minuten backen. Die Makronen sollen nicht bräunen und in der Mitte noch weich sein.

Für die Haselnussmakronen die gemahlenen Haselnüsse vorsichtig unter die zweite Portion Eischnee ziehen und als walnussgroße Bällchen auf ein mit Backpapier ausgelegtes Blech setzen. Wie oben backen, sobald die Kokosmakronen fertig sind.

Alle Makronen auskühlen lassen und in Blechdosen aufbewahren.

ZARTE Vanillekipferl

Für ca. 120 Stück:
Für den Teig:
300 g Mehl
100 g Puderzucker
1 Msp. Zimt
1 Päckchen Bourbon-Vanillezucker
1 Prise Salz
1 Eigelb
250 g zimmerwarme Butter
100 g gemahlene Mandeln

Zum Bestäuben:
50 g Puderzucker gemischt mit
1 Päckchen Bourbon-Vanillezucker

Den Backofen auf 180 °C vorheizen.
Mehl und Puderzucker in eine Schüssel sieben, mit Zimt, Vanillezucker und Salz vermischen. Eigelb, Butter und gemahlene Mandeln mit den Knethaken des Handrührgeräts erst langsam, dann auf höchster Stufe unterrühren. Den Teig zur Kugel formen und für 30 Minuten abgedeckt in den Kühlschrank stellen. Dann aus dem Teig daumendicke Rollen formen und diese in ca. 2 cm breite Stücke schneiden. Diese zwischen den Handflächen so rollen, dass sie an beiden Enden zur Spitze auslaufen. Die Teigstücke auf ein mit Backpapier ausgelegtes Backblech legen und dabei zu kleinen Halbmonden biegen. Die Kipfel im vorgeheizten Ofen 8–10 Minuten backen. Herausnehmen und direkt auf dem Blech mit der Zuckermischung bestreuen. Dann vorsichtig auf ein Kuchengitter legen (die Kipferl sind sehr zerbrechlich, solange sie noch heiß sind) und abkühlen lassen. Mit dem restlichen Teig ebenso verfahren.

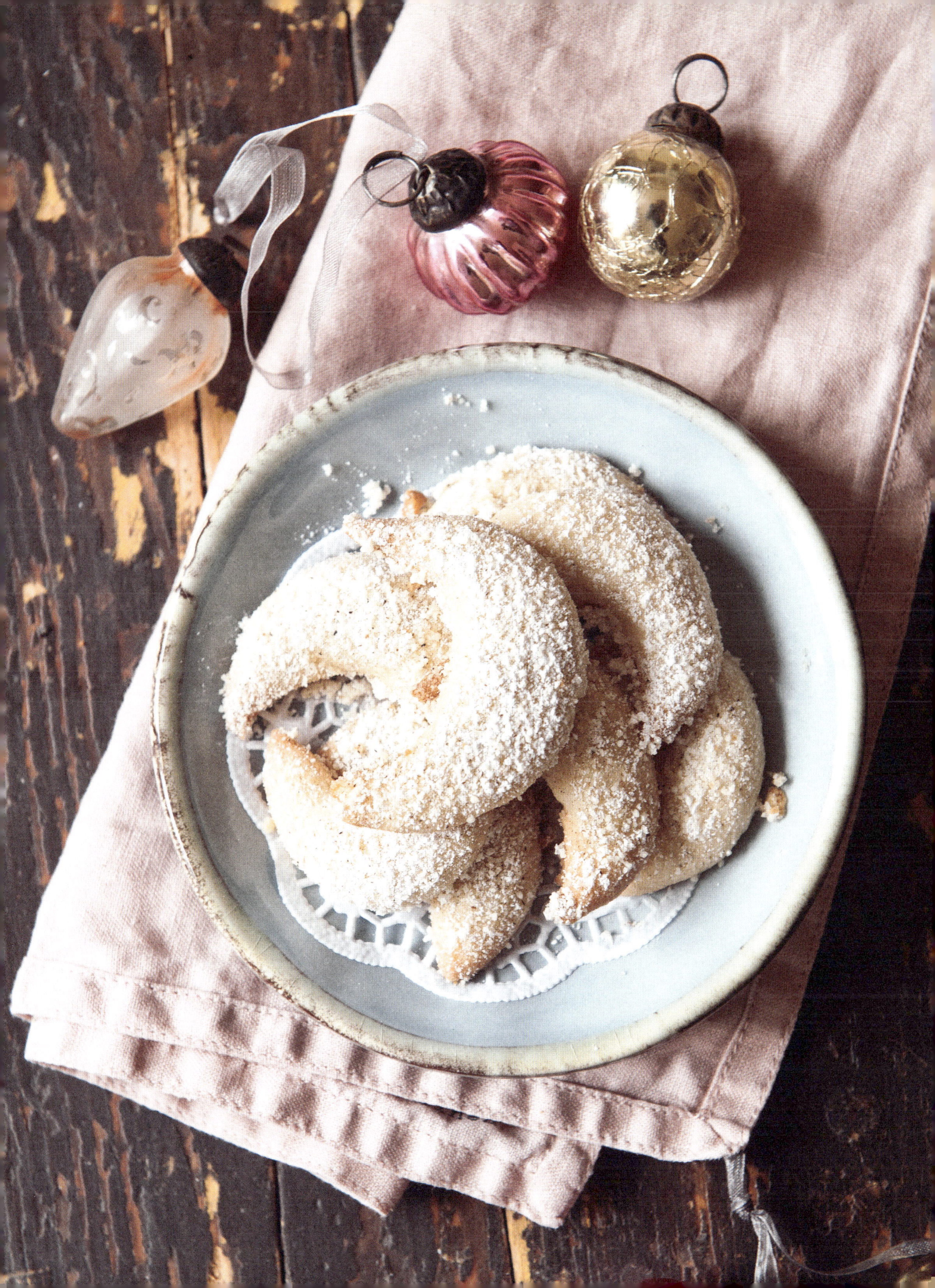

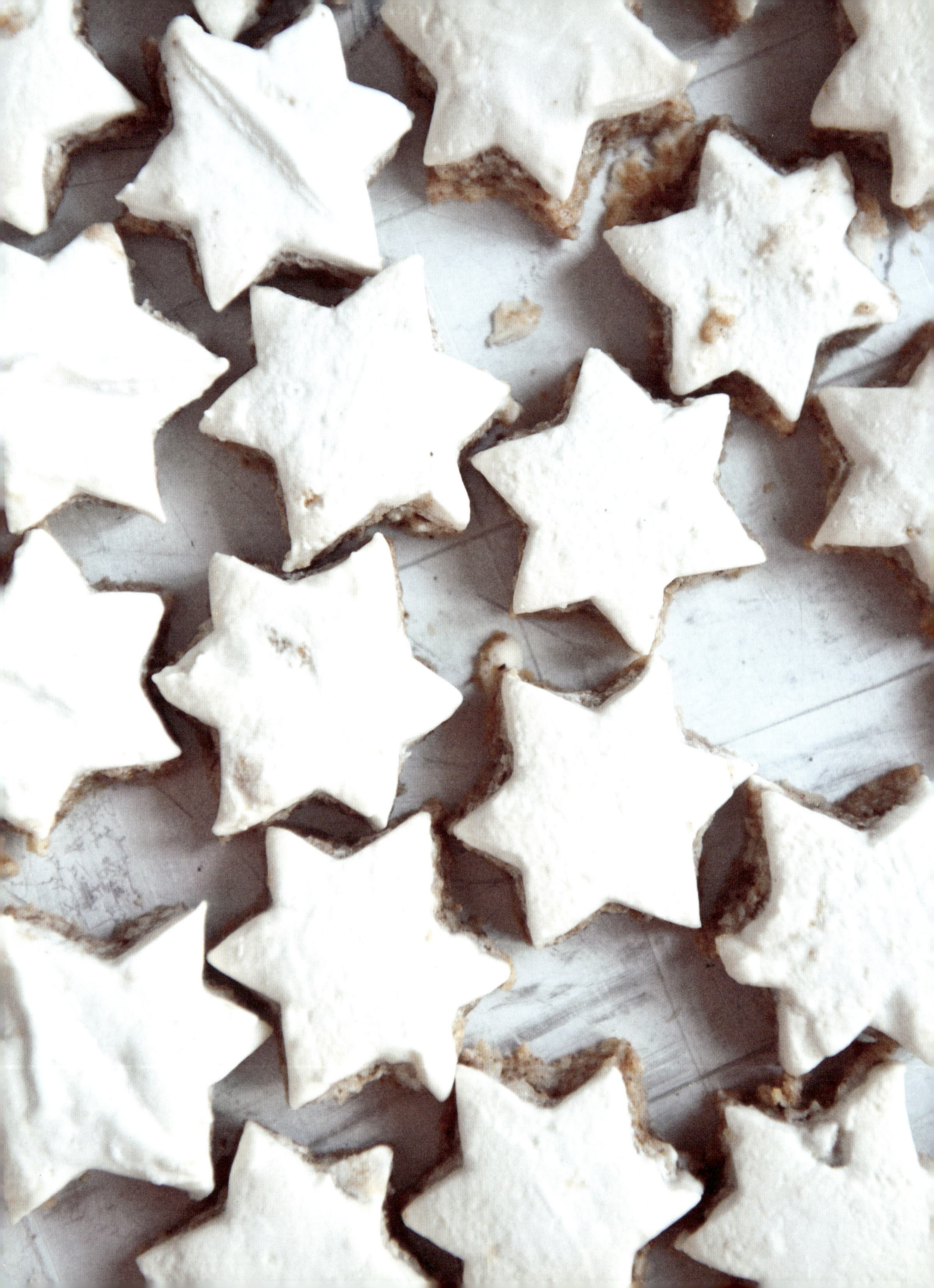

ZIMTSTERNE mit Marzipan

Für ca. 80 Stück:

Für den Teig:
4 Eiweiß
1 Prise Salz
350 g feinster Zucker
150 g ungeschälte gemahlene Mandeln
100 g ungeschälte gehackte Mandeln
125 g Marzipanrohmasse
1 TL Zimt

Für den Guss:
1 Eiweiß
185 g Puderzucker

Außerdem:
Puderzucker zum Ausrollen

Den Backofen auf 170 °C vorheizen.

Die Eiweiße für die Zimtsterne mit Salz zu steifem Schnee schlagen. Den Zucker nach und nach einrieseln lassen. Gemahlene und gehackte Mandeln mit Marzipan und Zimt in einer Schüssel verkneten. Den Eischnee einarbeiten.

Das Eiweiß für den Guss ebenfalls zu Schnee schlagen und den Puderzucker nach und nach unterrühren.

Die Arbeitsfläche mit Puderzucker bestäuben und den Teig darauf 6–8 mm dick ausrollen. Mit dem Guss bestreichen und dicht an dicht Sterne ausstechen. Diese auf ein mit Backpapier ausgelegtes Backblech legen und im vorgeheizten Ofen ca. 12 Minuten backen. Herausnehmen und die Sterne auf dem Blech etwas abkühlen lassen. Dann auf ein Kuchengitter setzen und vollständig auskühlen lassen.

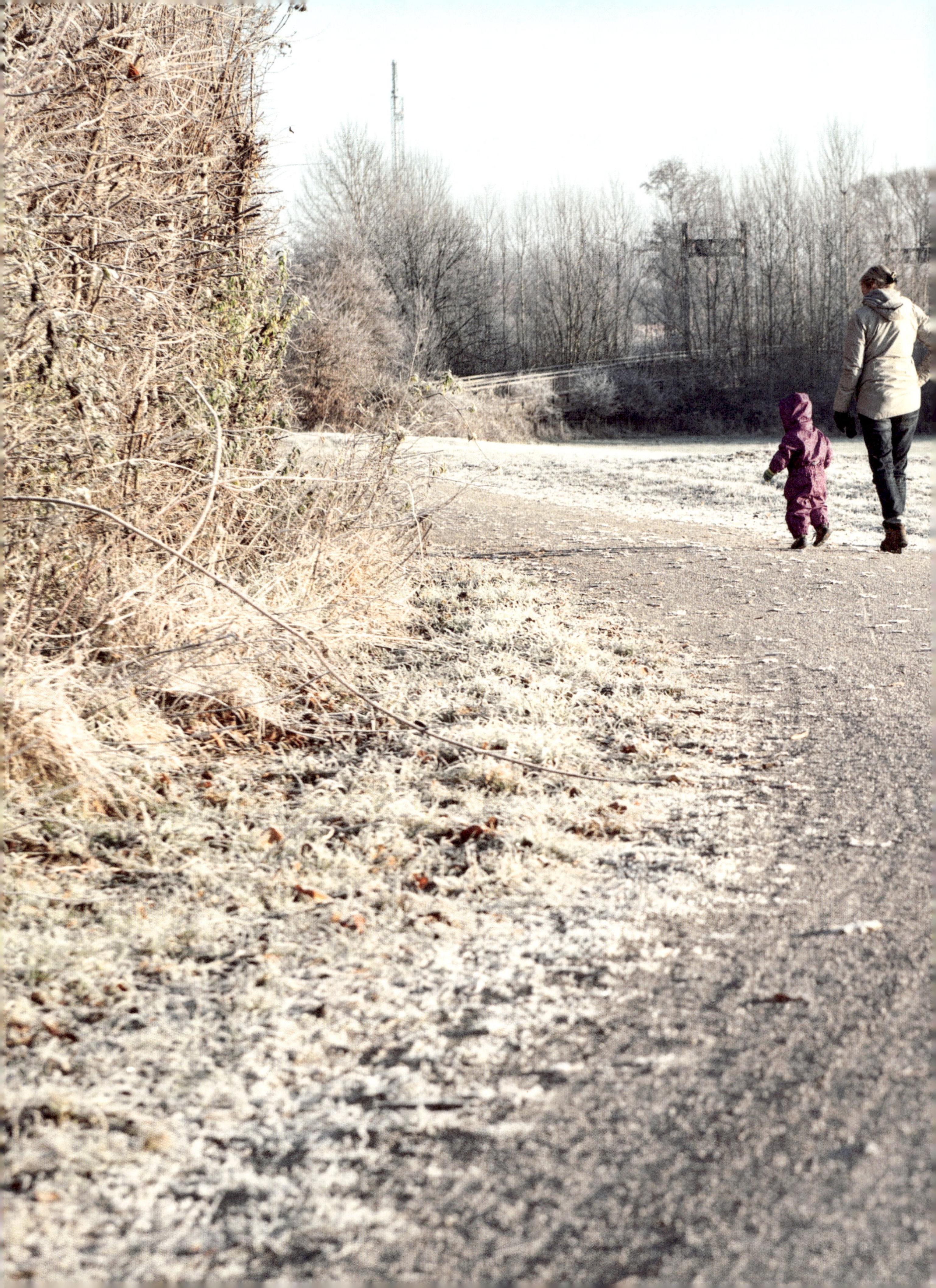

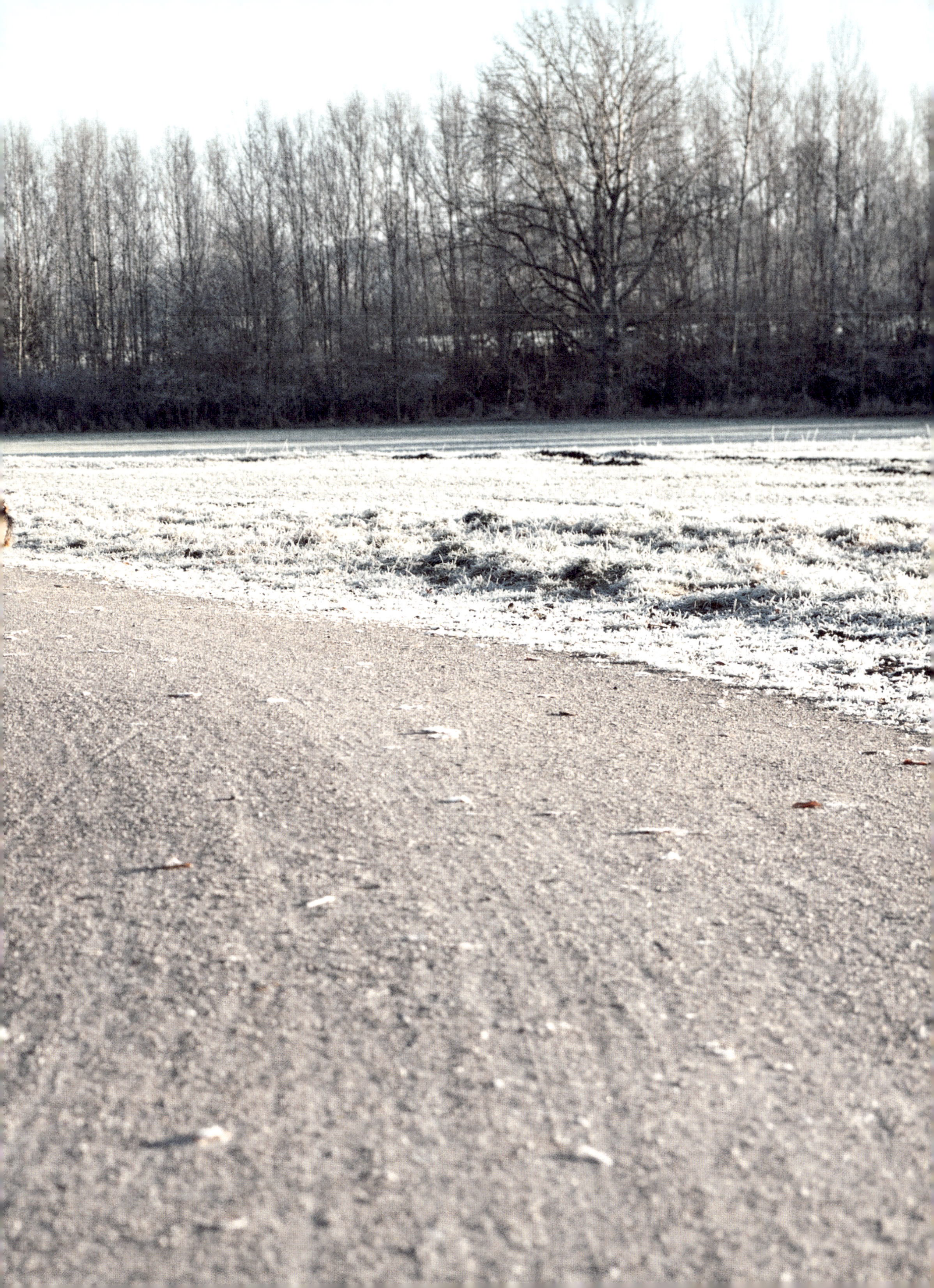

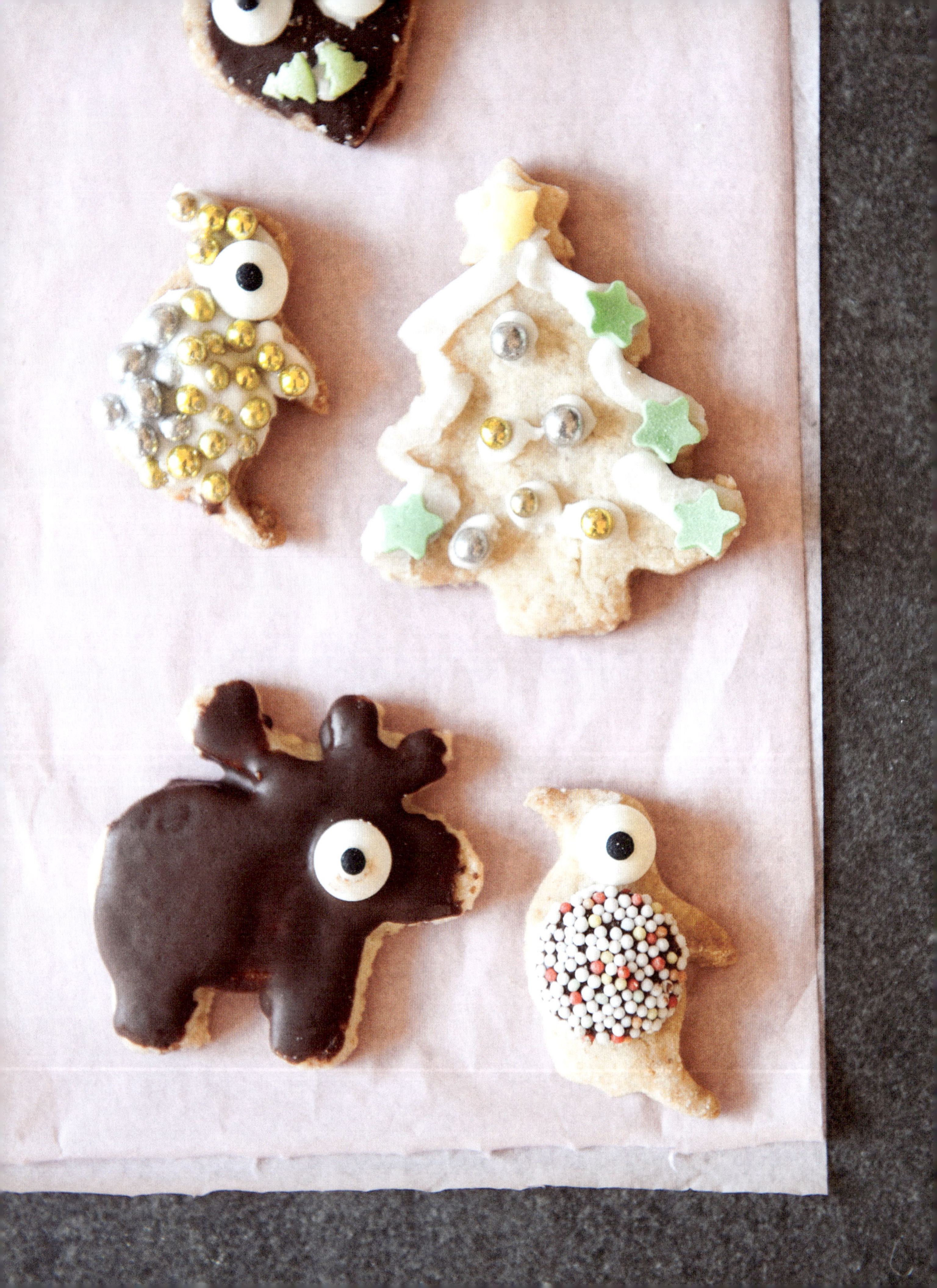

EINFACHE Ausstechplätzchen

Für ca. 120 Stück:

Für den Teig:
250 g zimmerwarme Butter
125 g Zucker
1 Päckchen Vanillezucker
300 g Mehl
1 EL Milch (optional)

Für die Dekoration (nach Belieben):
dunkle Kuvertüre
Liebesperlen
Zuckerguss (s. Tipp)
Schokolinsen
Zuckersternchen
Zuckeraugen

Den Backofen auf 180 °C vorheizen.
Die Butter mit Zucker und Vanillezucker so lange rühren, bis eine weiß-schaumige Masse entstanden ist. Das Mehl nach und nach einarbeiten, schließlich mit den Händen zu einem geschmeidigen Teig kneten. Sollte er zu fest sein, 1 EL Milch zufügen. Den Teig zur Kugel formen und abgedeckt für 30 Minuten kalt stellen.
Dann portionsweise ca. 3 mm dick auf bemehlter Arbeitsplatte ausrollen und zu beliebigen Formen ausstechen. Die Plätzchen auf ein mit Backpapier ausgelegtes Backblech legen und im vorgeheizten Ofen etwa 8 Minuten backen. Herausnehmen, vom Blech heben und auskühlen lassen. Mit dem restlichen Teig ebenso verfahren.
Die abgekühlten Plätzchen nach Belieben dekorieren und in Blechdosen aufbewahren.

Tipp:
Für den Zuckerguss ca. 100–150 g Puderzucker sieben und tröpfchenweise mit Wasser oder Zitronensaft verrühren. Vorsicht, wenn er zu dünn wird, lässt er sich nicht mehr gut verarbeiten.

Variante:
Für Engelsaugen (Bild S. 88) runde Plätzchen ausstechen. In die Hälfte davon mit einem kleinen runden Ausstecher ein Loch stanzen. Nach dem Backen die Plätzchen ohne Loch mit Himbeer- oder Johannisbeerkonfitüre bestreichen. Je ein Plätzchen mit Loch aufsetzen und mit Puderzucker bestäuben.

NORDDEUTSCHER Christstollen

Für 1 Stollen:
375 g Mehl
125 g Instant-Haferflocken
1 Päckchen Backpulver
175 g Zucker
1 Päckchen Vanillezucker
1 Prise Salz
5 Tropfen Bittermandel-Aroma
2 EL Rum
2 Eier
175 g kalte Butter
100 g Zitronat
250 g Magerquark
125 g Korinthen
250 g Rosinen
150 g gemahlene Mandeln
100 g flüssige Butter zum Bestreichen
150 g Puderzucker zum Bestäuben

Den Backofen auf 180 °C vorheizen.

Für den Teig Mehl, Haferflocken und Backpulver mischen und auf die Arbeitsfläche häufen. In die Mitte eine Vertiefung drücken. Zucker, Vanillezucker, Salz, Aroma, Rum und Eier hineingeben und mit einem Teil der Mehlmischung verrühren. Die Butter in Stücke schneiden und auf den Rand setzen. Das Zitronat fein hacken. Quark, Korinthen, Rosinen und Mandeln zufügen. Alle Zutaten zu einem glatten Teig verkneten. Den Teig zu einem großen Oval formen und dieses zur Stollenform zusammenschlagen. Auf ein mit Backpapier ausgelegtes Blech legen und im vorgeheizten Ofen in ca. 60 Minuten goldgelb backen. Herausnehmen und noch warm mit flüssiger Butter bestreichen und mit Puderzucker bestäuben.

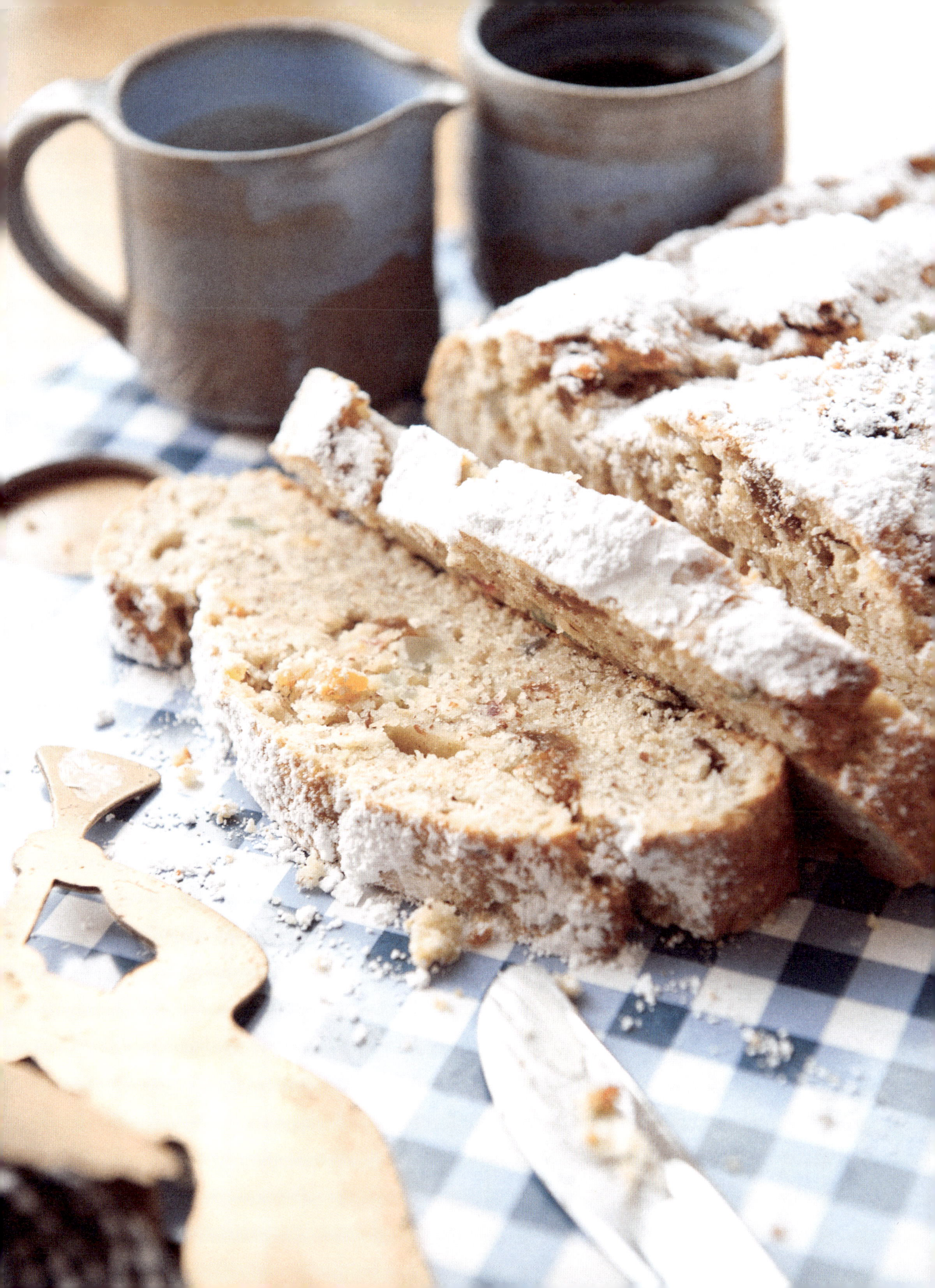

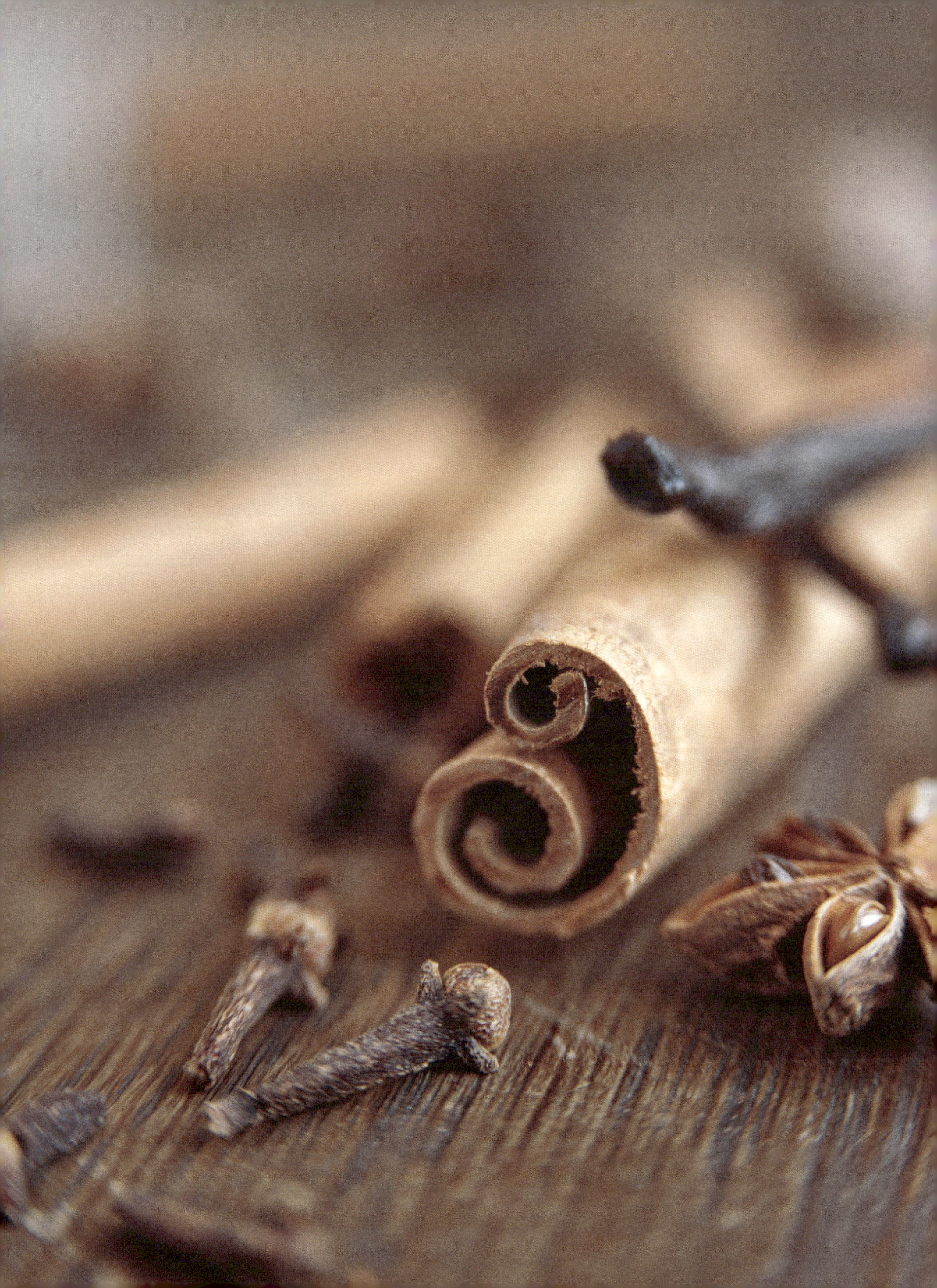

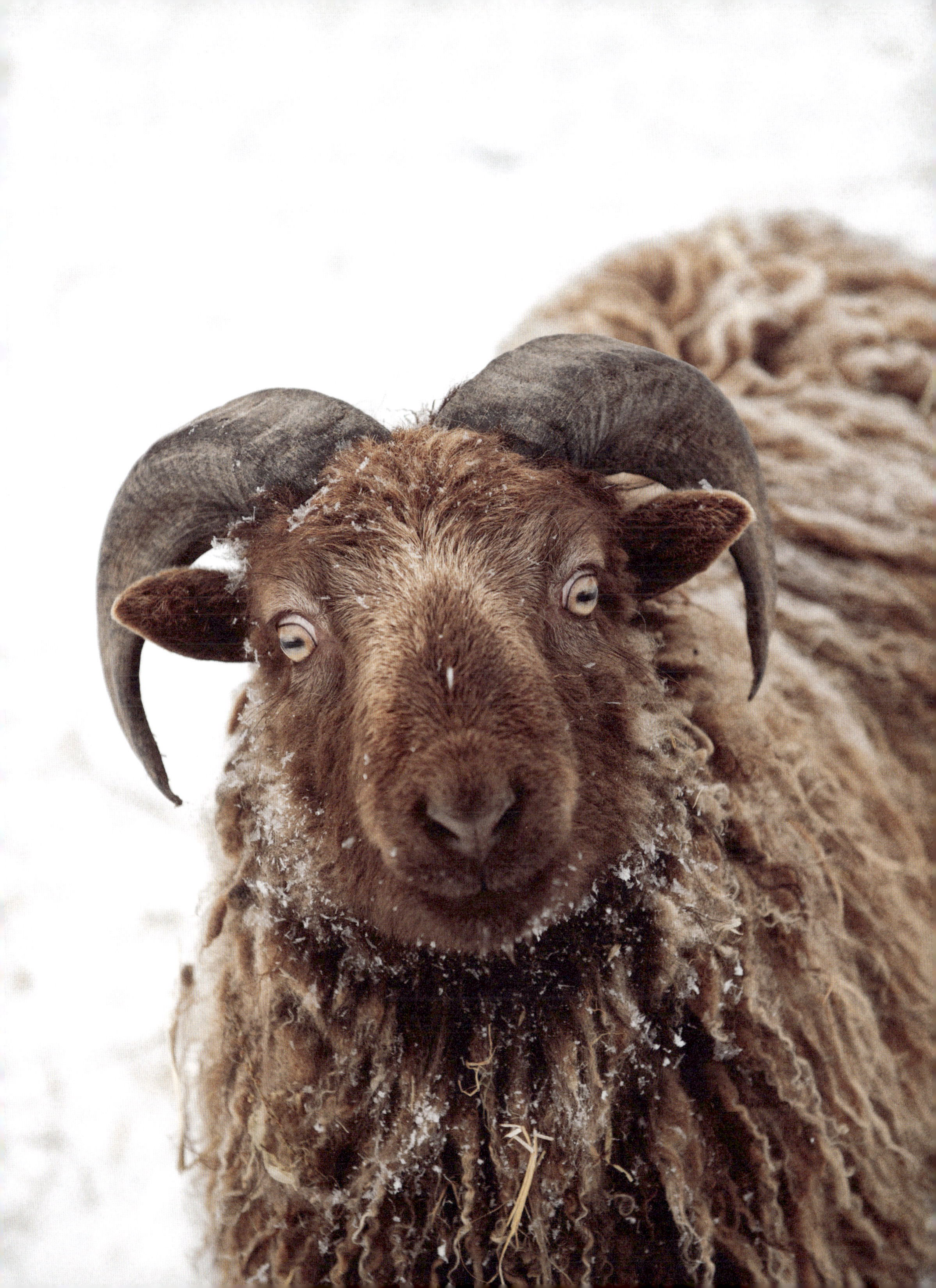

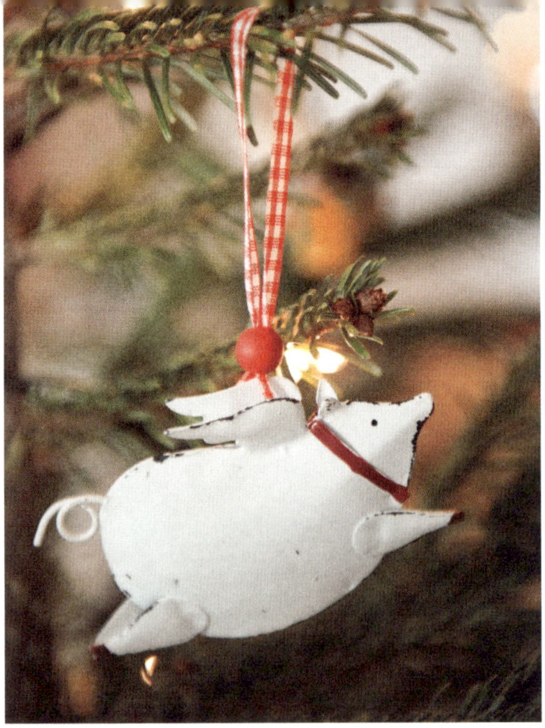

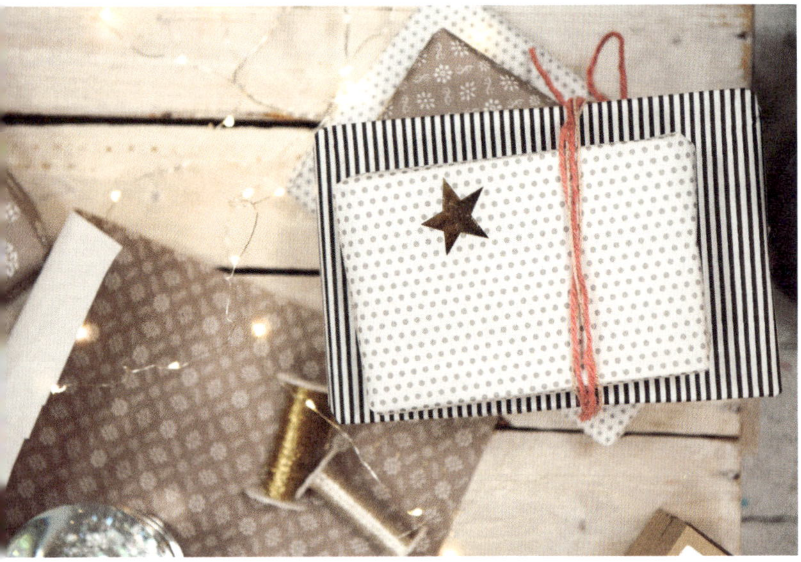

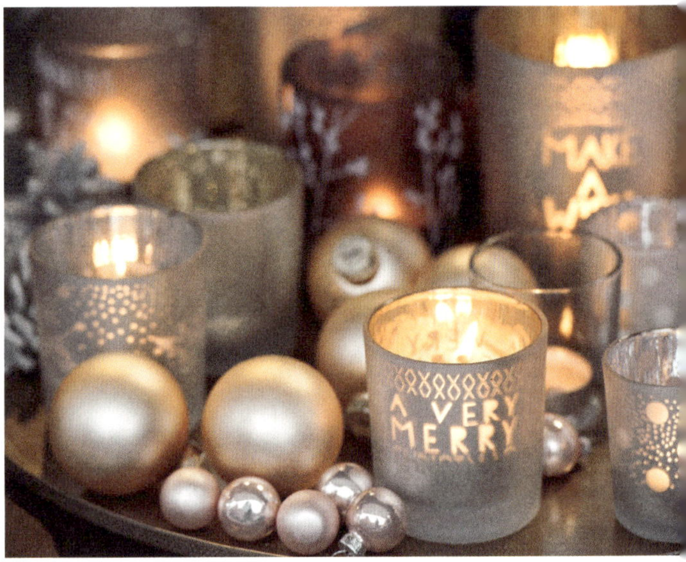
A VERY
MERRY

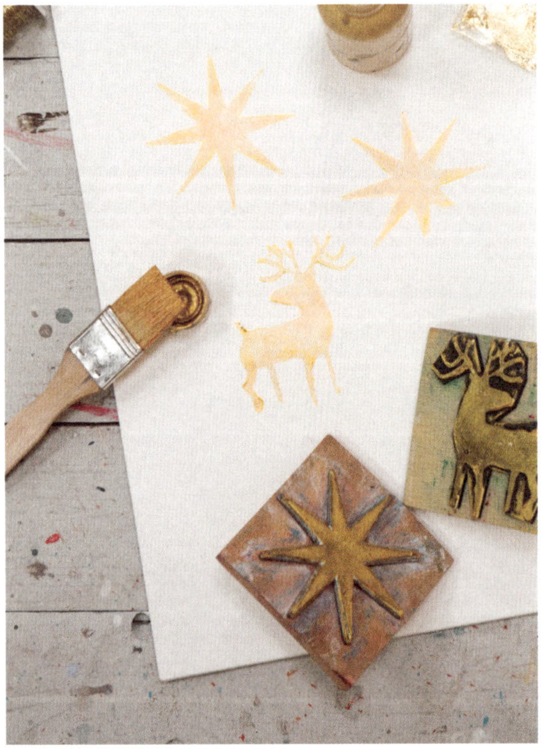

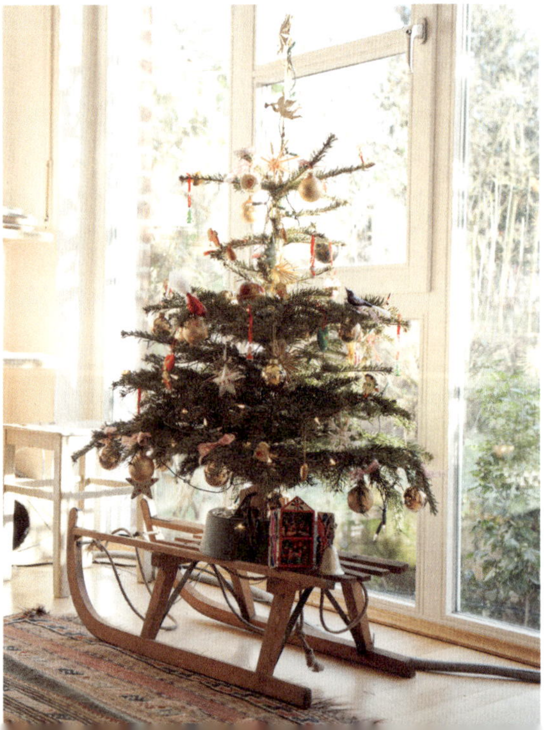

Vorbereitung
AUF HEILIGABEND

Alle Jahre wieder steht Weihnachten dann doch ganz überraschend vor der Tür. Wo sind die letzten Wochen nur geblieben? O je, jetzt fehlen noch Geschenke oder gar ein Weihnachtsbaum, nichts ist verpackt, nichts dekoriert ... Und wann nur sollen die Plätzchen für den bunten Teller noch gebacken werden? Nur Mut! Auch in diesem Jahr wird am Ende alles gut!

Schließlich – auch wenn es wie eine Binsenweisheit klingt – kommt es in erster Linie darauf an, dass Sie das Fest mit den Menschen begehen, die Ihnen lieb und teuer sind. Und das so entspannt und harmonisch wie möglich. Also haben Sie Mut zur Lücke, und seien Sie flexibel im Neu-Interpretieren von Traditionen. Wenn es keine Gans mehr gibt, schmecken auch Rouladen. Wenn kein Geschenkpapier vorhanden ist, bestempeln Sie Packpapier im Kartoffeldruck. Statt selbst gebackener Plätzchen tun es zur Not auch gekaufte. Vielleicht haben Sie aber auch eine Mutter oder Schwiegermutter, die diesen Part gerne übernimmt? Wenn gar die Geschenke fehlen, schreiben Sie liebevolle, kreative und persönliche Gutscheine – die Sie dann selbstverständlich auch einlösen!

Aber vielleicht gehören Sie ja auch zu jenen gut organisierten Menschen, die am ersten Advent schon alle Geschenke parat und verpackt haben, das sortenreiche Weihnachtsgebäck in Dosen verstaut, die Gans bestellt, den Baum ausgesucht und die Wohnung geschmückt haben? Es soll sie geben, diese überirdischen Wesen! In diesem Fall ist jeder Rat überflüssig: Sie sind ein Genie!

Sollten Sie die Muße haben, das Einpacken der Geschenke regelrecht zu zelebrieren, ist dies eine sehr entspannende und befriedigende Freizeitbeschäftigung. Sie können schlichte Papiere wählen und mit verschiedenen farbigen Bändern, Metalldrähten, Bindfäden, Masking Tape, Stempeln, Aufklebern oder Naturmaterialien wie Tannenzapfen, Tannengrün oder kleinen Beerenzweigen verzieren.

Das Gleiche gilt für das Verschicken von Weihnachtskarten. Jeder freut sich über einen persönlichen Gruß und stellt gerne seine kleine persönliche Sammlung aus (auch wenn der dafür eigentlich notwendige Kaminsims in den meisten Haushalten fehlt). Selbst gestaltete Karten, ob mit Fotos, Collagen, Zeichnungen oder Drucken, und verzierte Umschläge mit liebevoll dazu ausgesuchten Briefmarken können Sender wie Empfänger viel Freude bereiten.

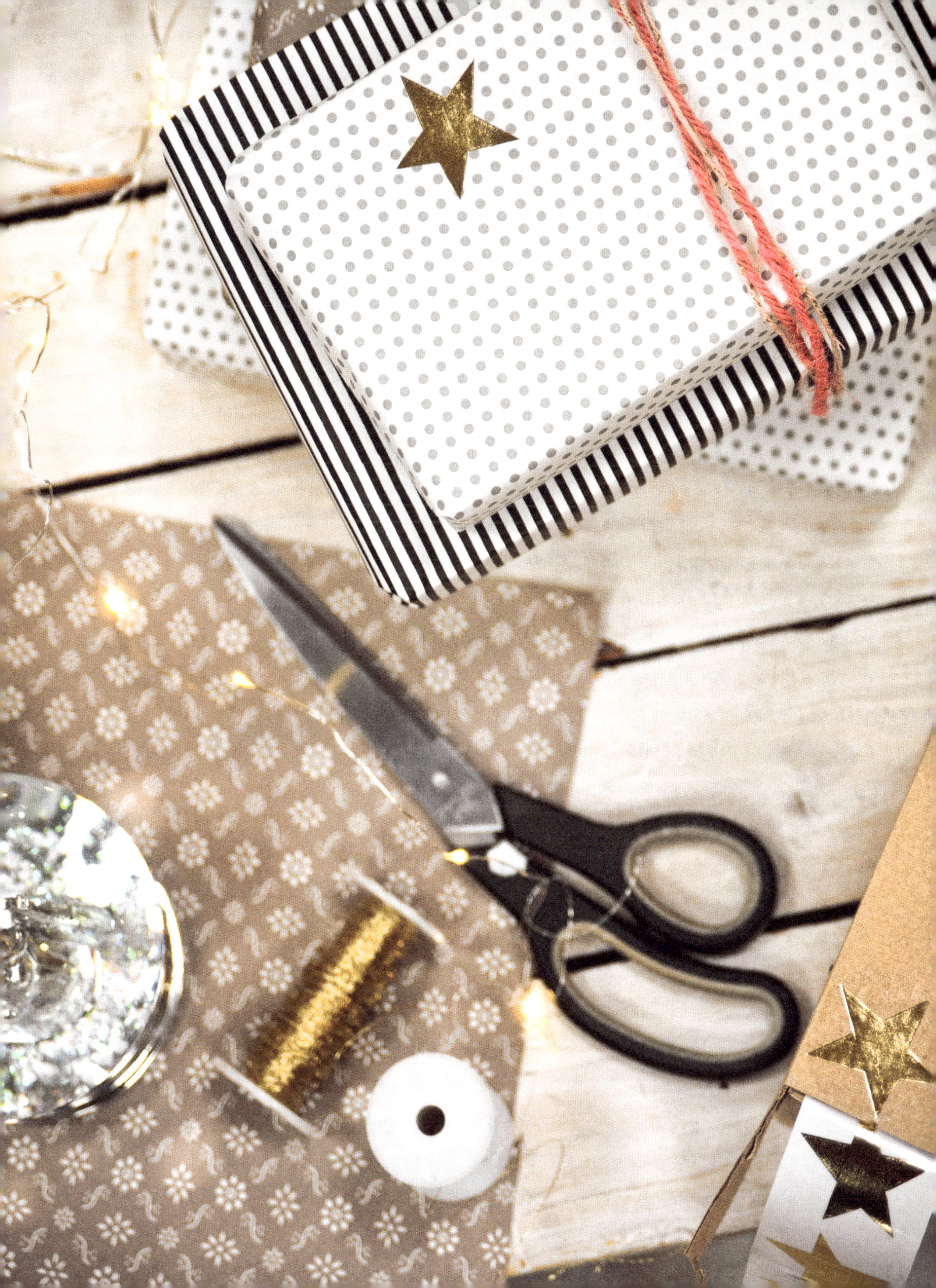

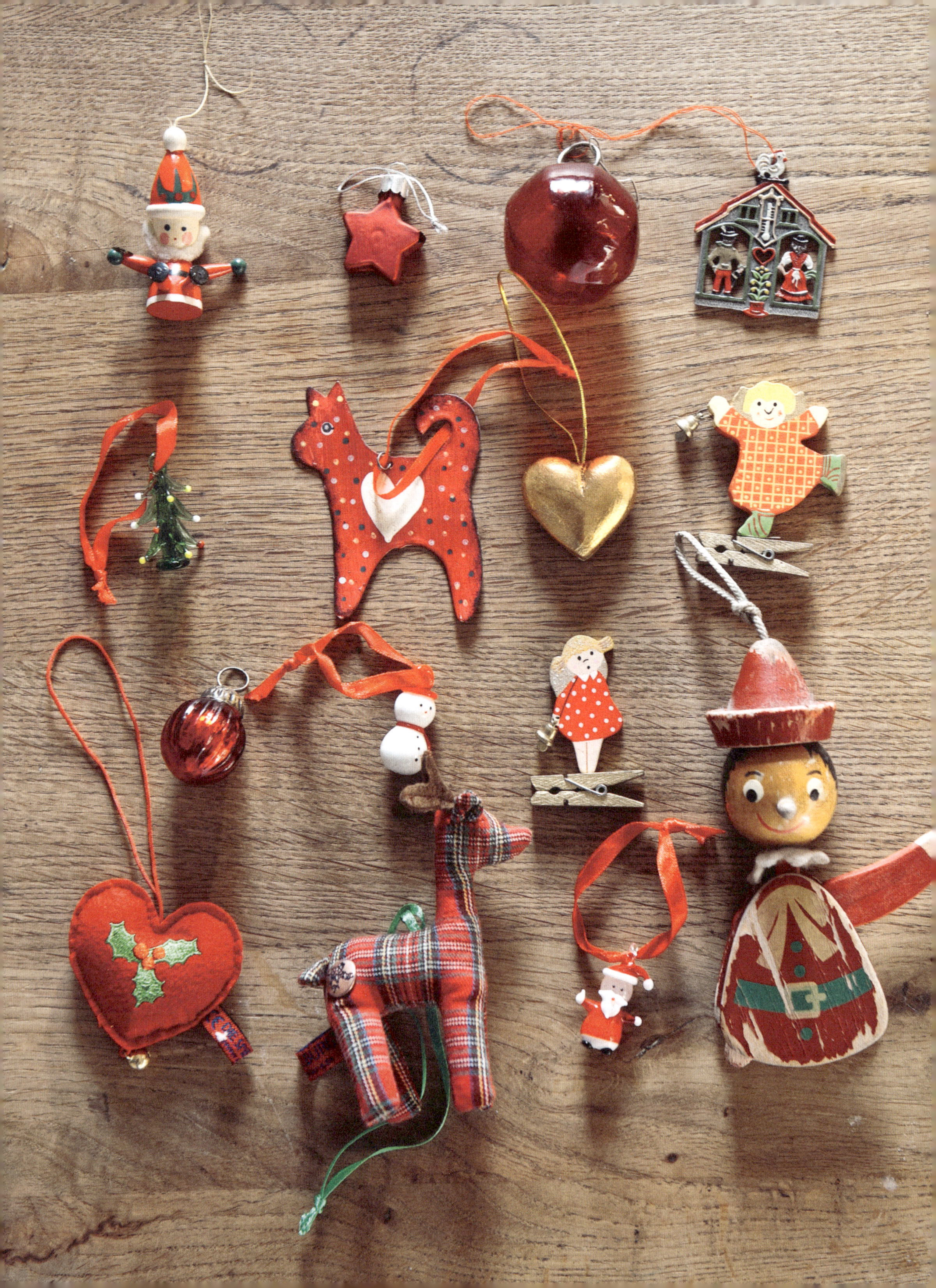

Ihrer Kreativität freien Lauf lassen können Sie außerdem beim Schmücken des Weihnachtsbaums. Glauben Sie nicht, dass die Größe eines Baumes ausschlaggebend für seine Wirkung ist. Bei uns zu Hause steht seit jeher ein eher kleiner Baum auf einem alten Kinderschlitten, was ich sehr dekorativ finde. Ein schöner Wuchs und liebevoller Schmuck sind viel entscheidender.

An unserem Baum hängen viele persönliche Erinnerungsstücke wie schlichte, für andere Betrachter vielleicht unscheinbare Anhänger, die vom Baumschmuck meiner Großmutter stammen. Sie verwendete noch Lametta mit Bleianteil (heute nicht mehr erhältlich), dessen einzelne, schwere Fäden beim Abschmücken wieder sorgsam in lange Schachteln mit Seidenpapier gelegt wurden. Es gibt geschenkten, gekauften und gebastelten Schmuck, wie vergoldete Walnüsse oder Tannenzapfen und natürlich die unverzichtbaren Strohsterne.

Was den Schmuck betrifft, gibt es aber verschiedene Auffassungen: Da sind die Puristen, die farblich abgestimmt und in regelmäßigen Abständen nur silbernen, goldenen oder rot-weißen Schmuck zulassen. Das kann sich auch auf reinen Kugelschmuck beschränken. Dann gibt es die Sammler, die jedes Jahr auf dem Weihnachtsmarkt oder diversen Flohmärkten neue und alte Stücke erstehen und als buntes Sammelsurium an den Baum hängen. Und die Mischung aus beiden, die puristischen Sammler, kombinieren neue und alte Stücke in einer festgelegten Farbwelt.

Jeder dieser Bäume hat einen ganz besonderen Reiz, und das Schmücken an sich ist schon ein kleines Event. Ich empfehle Bing Crosby, Ella Fitzgerald und Louis Armstrong für swingende musikalische Untermalung.

Schließlich sind da noch die Weihnachtsbaum-Muffel. Aber selbst die hängen oft immerhin eine Lichterkette in ihren Ficus oder ein paar Sternchen ins Fenster... Da Sie aber dieses Buch in Händen halten, gehören Sie vermutlich nicht zu jener Sorte!

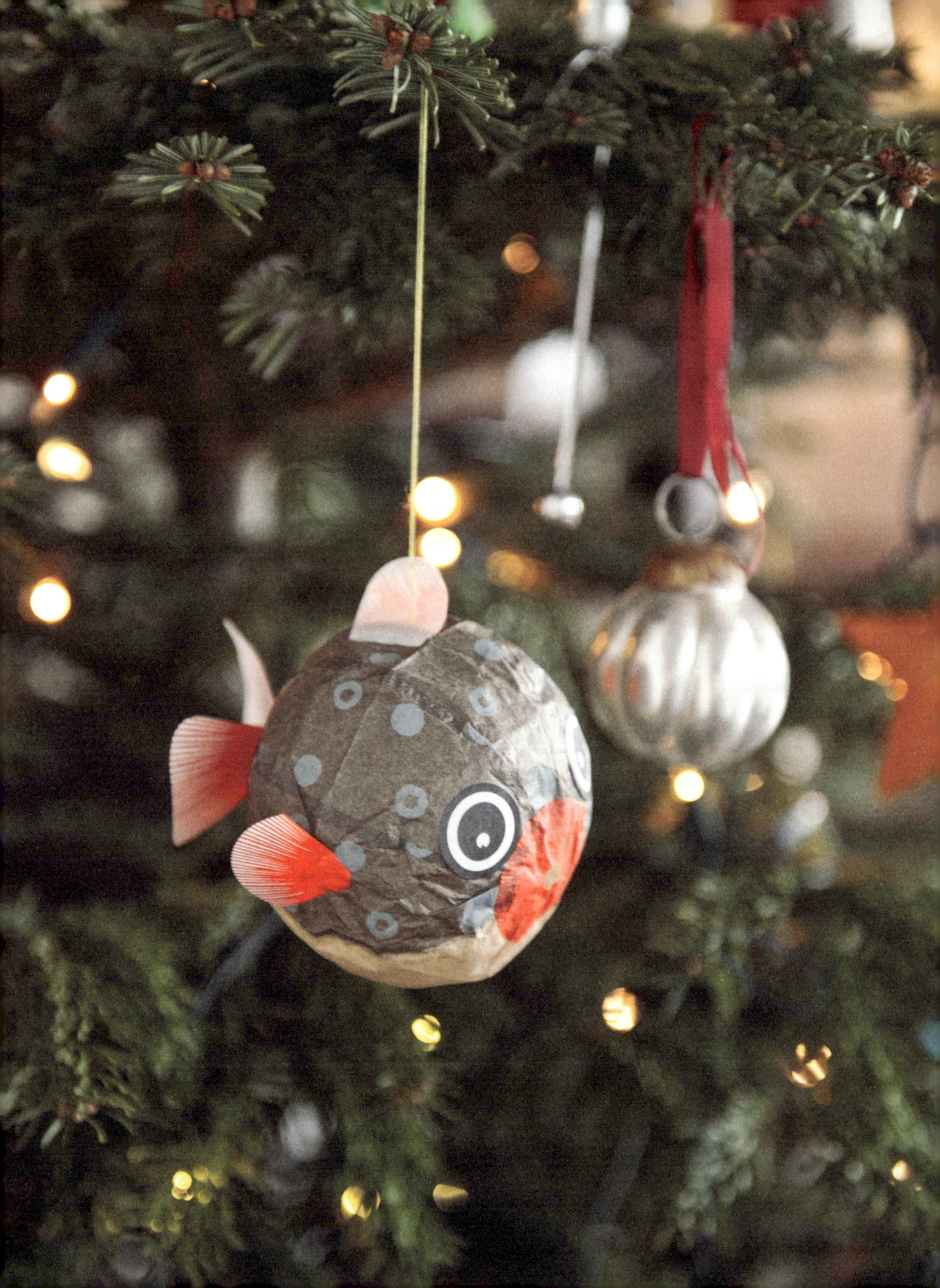

Warum nicht zwischen all den traditionellen Baumschmuck zur Abwechslung auch einmal skurrile Dekorationen wie diesen Kugelfisch oder diese Hexe hängen?

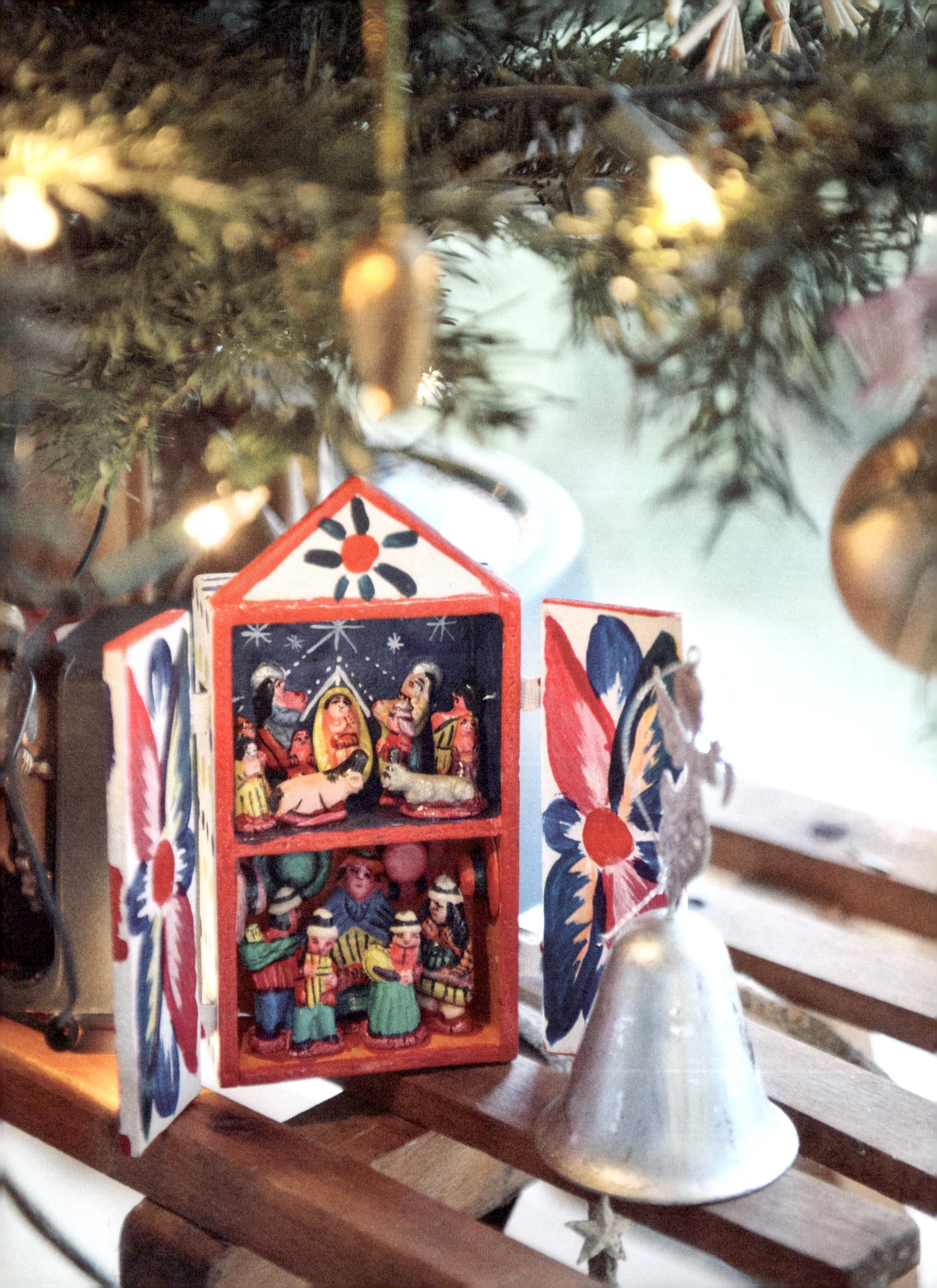

WEIHNACHTEN

Markt und Straßen stehn verlassen,
Still erleuchtet jedes Haus,
Sinnend geh ich durch die Gassen,
Alles sieht so festlich aus.

An den Fenstern haben Frauen
Buntes Spielzeug fromm geschmückt,
Tausend Kindlein stehn und schauen,
Sind so wunderstill beglückt.

Und ich wandre aus den Mauern
Bis hinaus ins freie Feld,
Hehres Glänzen, heilges Schauern!
Wie so weit und still die Welt!

Sterne hoch die Kreise schlingen,
Aus des Schnees Einsamkeit
Steigts wie wunderbares Singen –
O du gnadenreiche Zeit!

Joseph von Eichendorff

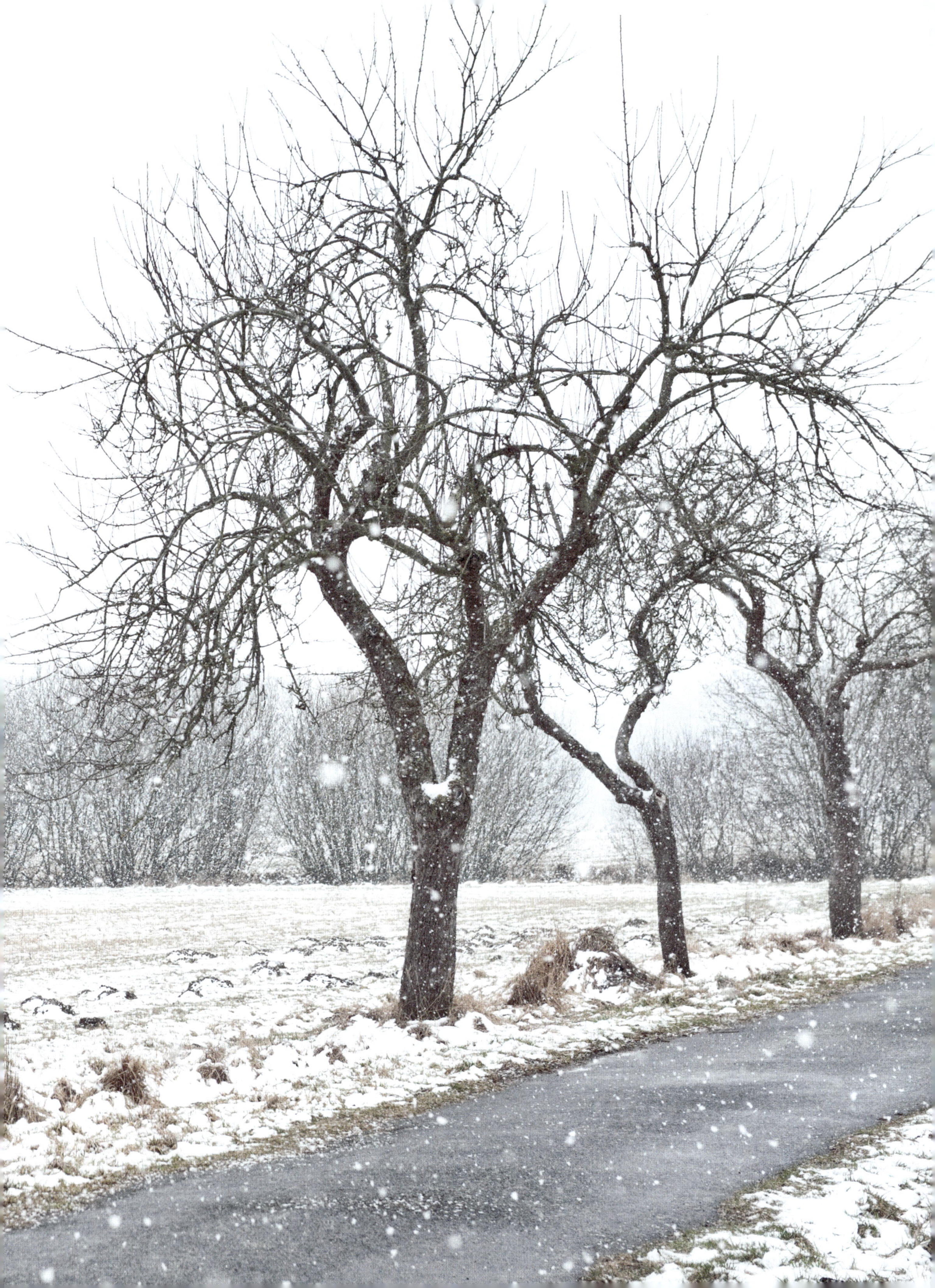

DAS WEIHNACHTSMENÜ

Ein Weihnachtsessen kann die unterschiedlichsten Formen annehmen. Für die einen ist es ein Essen mit Freunden, für die anderen eines mit der Familie. Vielleicht möchten Sie aber auch mit Ihren Kollegen ein Weihnachtsmenü planen. Sie können ein Gemeinschaftswerk daraus machen, zu dem jeder etwas beiträgt, oder sich in die Küche stellen, alles selbst vorbereiten und Ihre Gäste verwöhnen.

Bei der Planung des Menüs ist es nicht relevant, ob alles vom Feinsten und Teuersten ist. Wichtig ist eine gemütliche und doch festliche Beleuchtung der Tafel mit Kerzen und Lichterketten, eine liebevolle Tischdekoration, eine entspannte Atmosphäre. Daher ist es gut, wenn Sie Gerichte planen, die sich schon am Vortag zubereiten lassen. Dann können Sie als Gastgeberin das Event gelassener genießen und mehr Zeit mit Ihren Gästen verbringen.

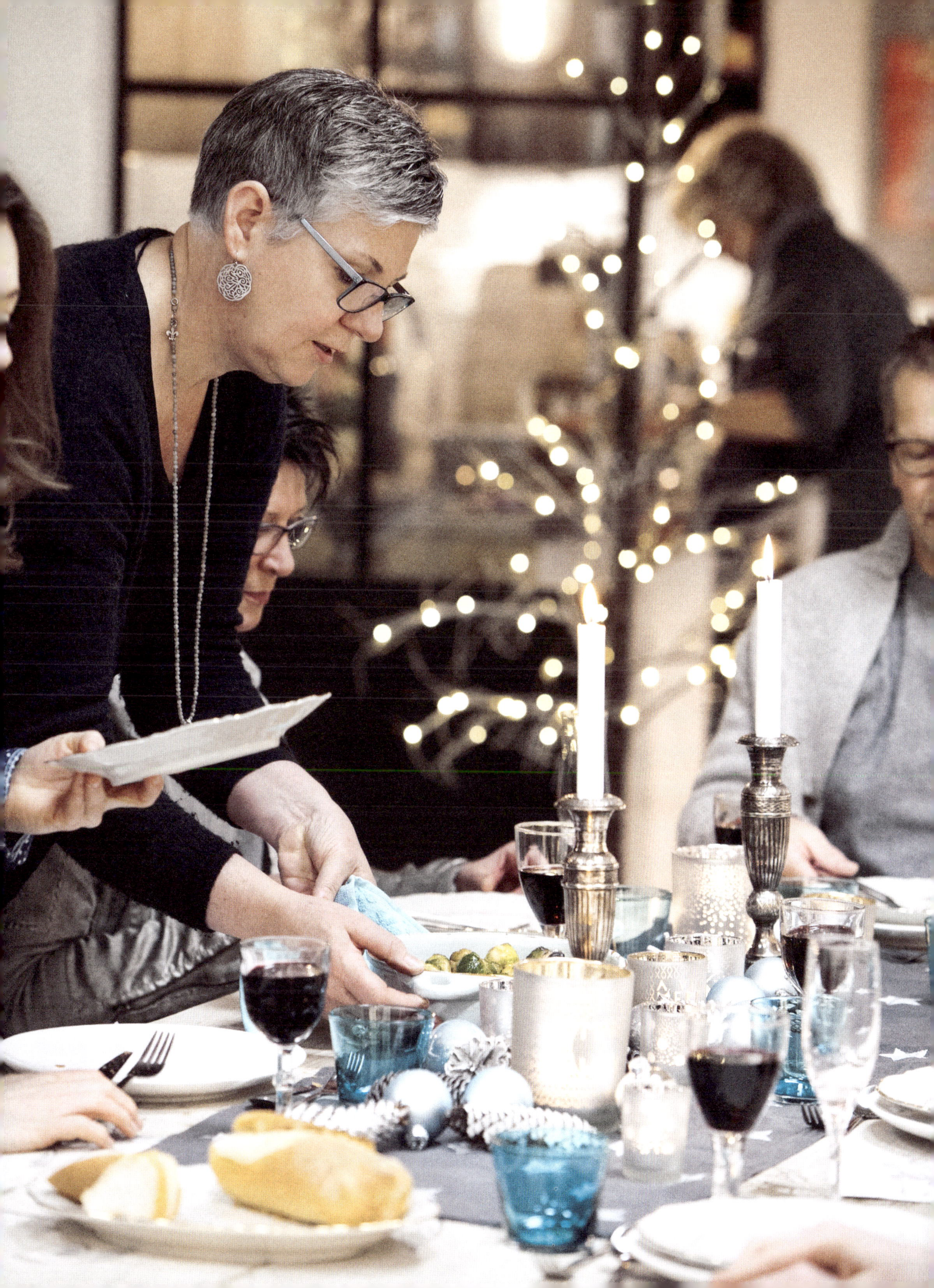

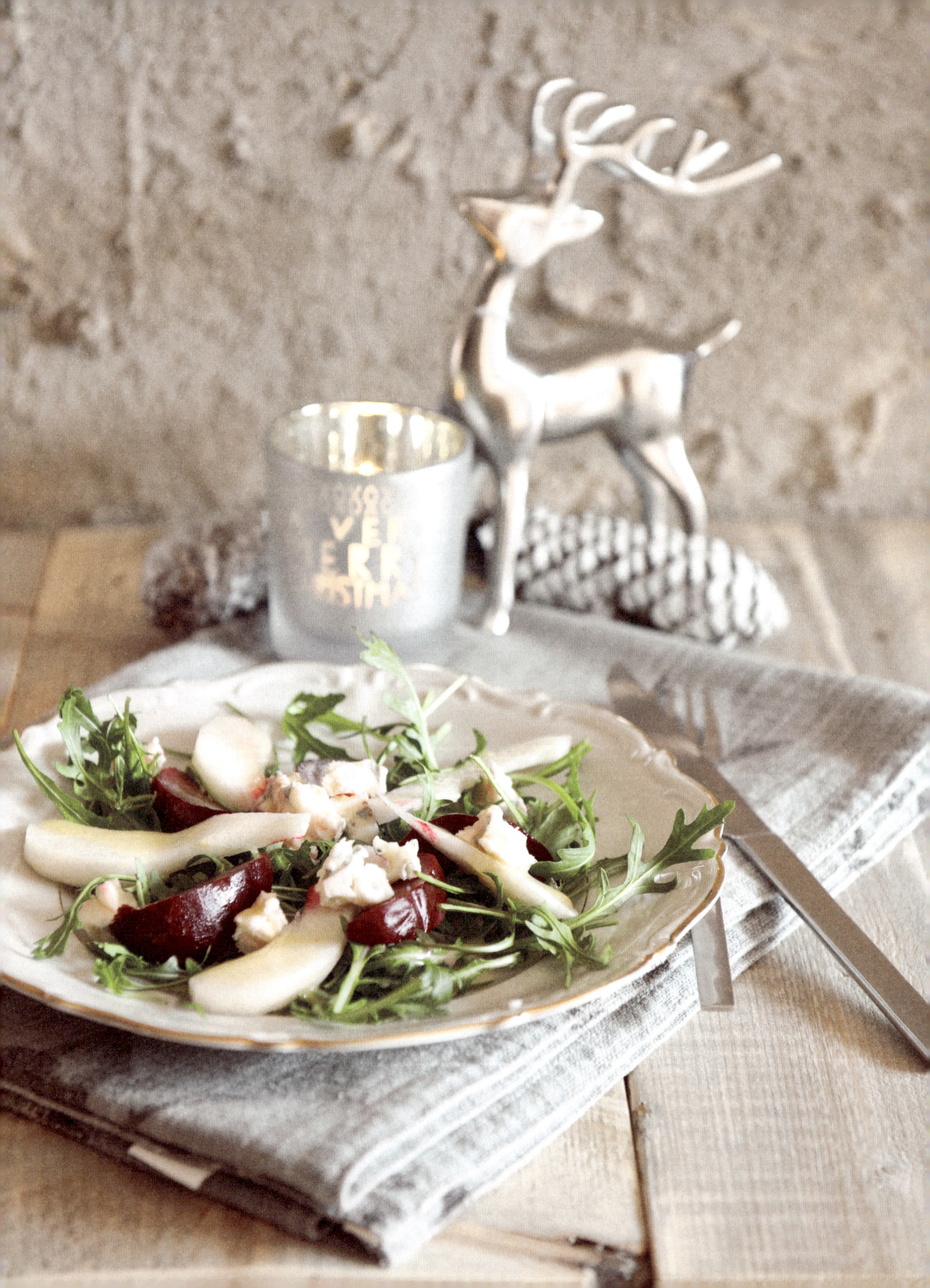

RUCOLASALAT
mit Birnen, Roter Bete & Gorgonzola

Für 6–8 Personen:
200 g Rucola
500 g gekochte Rote Bete
2 aromatische Birnen
(z. B. Abate Fetel)
200 g Gorgonzola
2 EL Sherry-Essig
Salz
frisch gemahlener Pfeffer
3 TL flüssiger Honig
1 TL Dijon-Senf
80 ml Olivenöl

Rucola verlesen, waschen und trocken schleudern. Rote-Bete-Knollen abtropfen lassen und in Spalten schneiden. Die Birnen schälen, vierteln und vom Kerngehäuse befreien. Die Birnenviertel ebenfalls in Spalten schneiden. Den Gorgonzola zerkrümeln.
Für das Dressing den Sherry-Essig mit Salz, Pfeffer, Honig und Senf verrühren. Das Olivenöl tröpfchenweise unterschlagen, sodass eine sämige Emulsion entsteht.
Rucola portionsweise auf Tellern verteilen. Rote-Bete- und Birnenspalten dekorativ darauf anordnen. Mit Gorgonzola garnieren und kurz vor dem Servieren mit Dressing beträufeln.

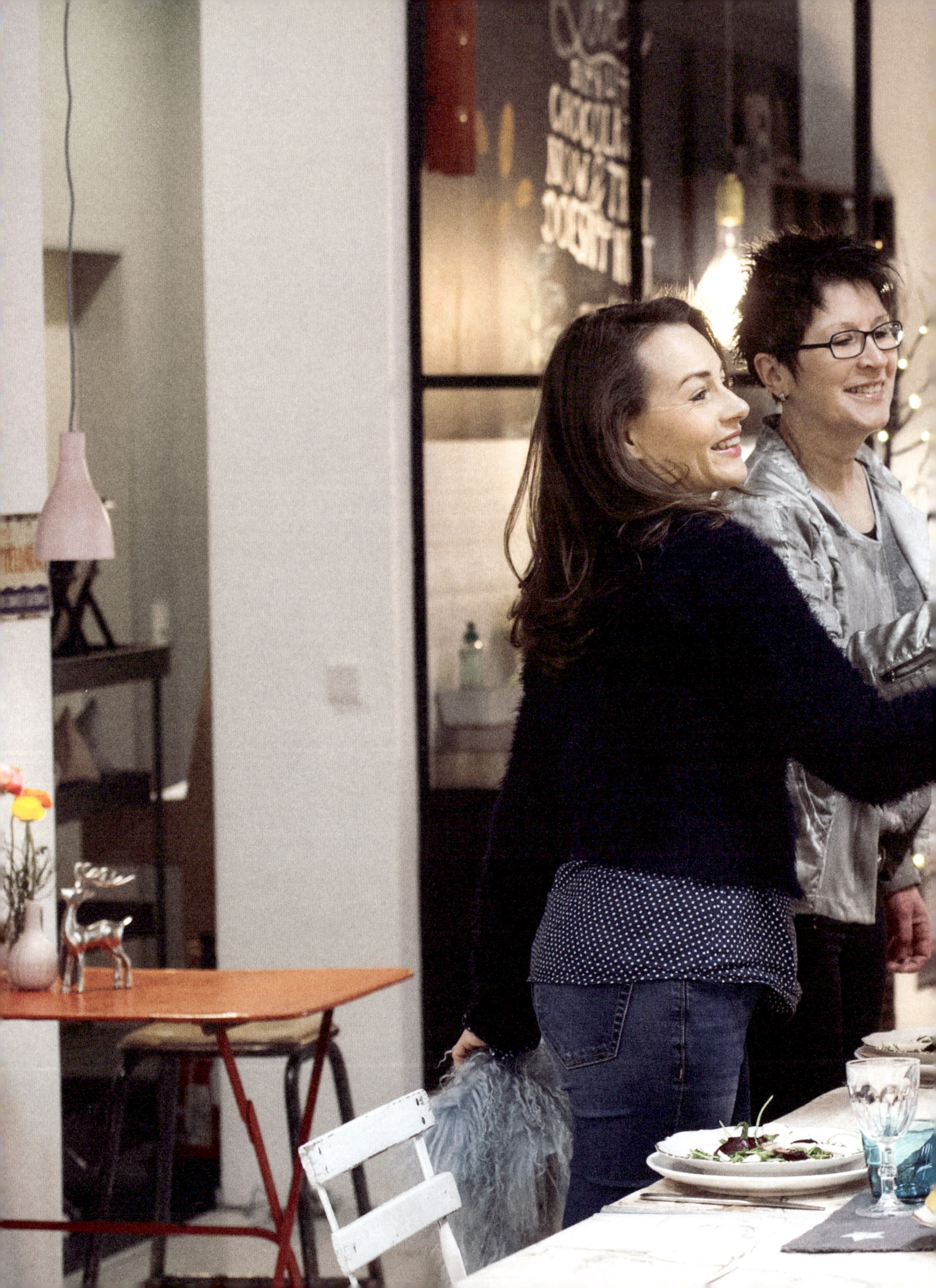

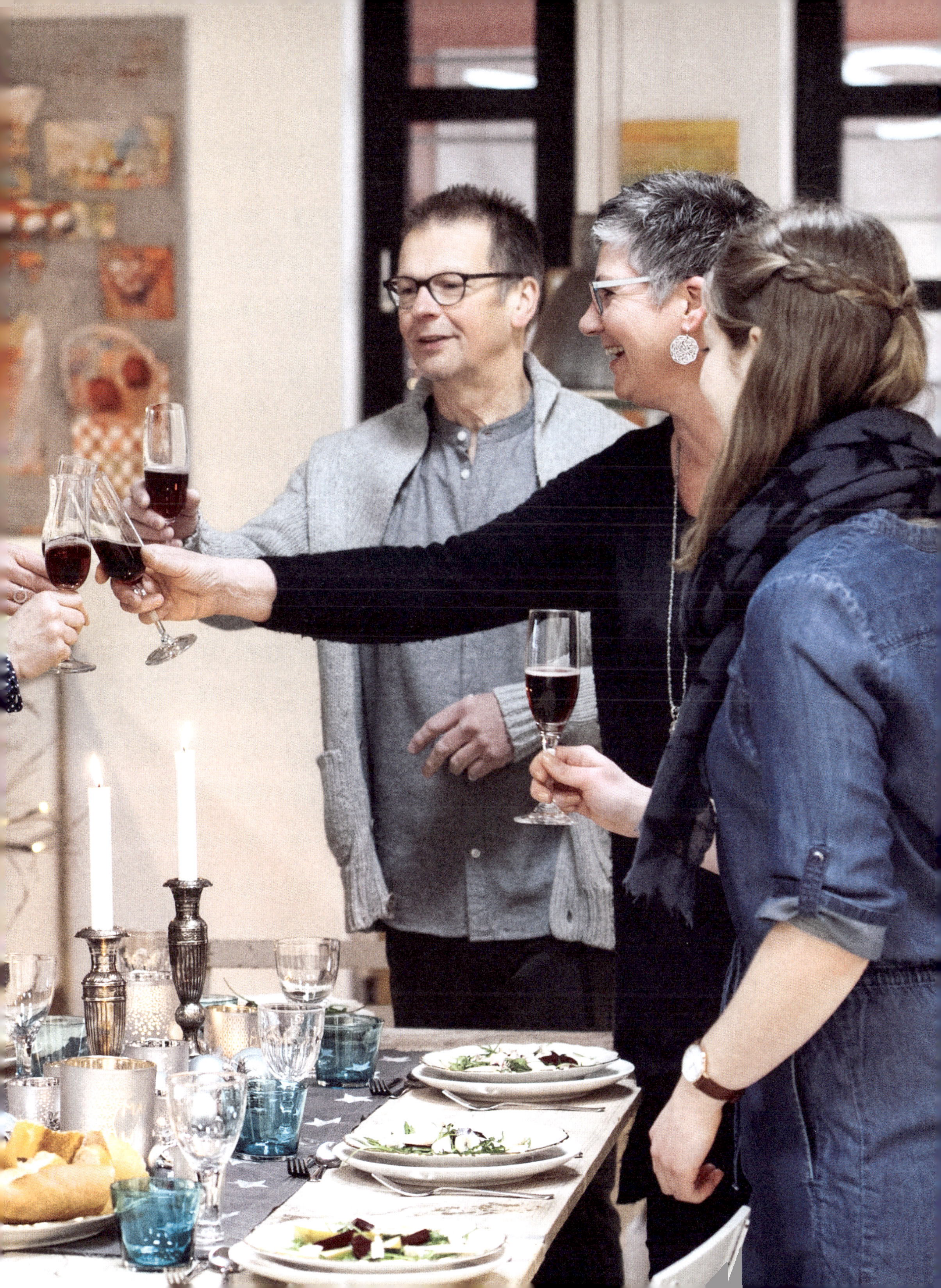

WILDSCHWEIN
Gulasch

Für 6 Personen:
1,5 kg Wildschweingulasch
3 Zwiebeln
Butterschmalz zum Anbraten
Salz
frisch gemahlener Pfeffer
2 EL Mehl
500 ml Rotwein (Pinot noir)
500 ml Wildfond
1 Lorbeerblatt
5 Wacholderbeeren
1 TL getrockneter Thymian
150 g Schmand
Preiselbeeren aus dem Glas

Am Vortag das Gulasch waschen, trocken tupfen, eventuell kleiner schneiden und von Sehnen und Häuten befreien. Die Zwiebeln schälen und grob würfeln.

Das Butterschmalz in einem Bräter erhitzen, das Fleisch darin portionsweise rundherum scharf anbraten und wieder herausnehmen, salzen und pfeffern. Die Hitze reduzieren und die Zwiebelwürfel im Bratfett goldbraun andünsten. Das Fleisch wieder zugeben und mit Mehl bestäuben. Unter Rühren nach und nach Rotwein und Wildfond angießen und aufkochen lassen. Den Saucenansatz mit Salz und Pfeffer würzen. Lorbeerblatt, Wacholderbeeren und Thymian zugeben. Das Gulasch bei geringer Hitze im geschlossenen Topf ca. 1,5 Stunden sanft schmoren lassen. Zwischendurch testen, ob das Fleisch zart ist.

Am nächsten Tag das Gulasch wieder erhitzen und 30 Minuten bei geringer Hitze köcheln lassen. Schmand glattrühren und unterheben und die Sauce kräftig abschmecken. Die Preiselbeeren dazu servieren.

Tipp:
Dies ist eine Art Grundrezept, das Sie beliebig variieren können, indem Sie z. B. Knoblauch zugeben oder klein geschnittene Möhren oder in Butter gebratene Pilze und Speckwürfel. Ich persönlich würze das Wildgulasch für einen weihnachtlich-raffinierten Geschmack gerne mit 1 TL Spekulatiusgewürz und rühre 2–3 EL Preiselbeeren direkt in die Sauce. Sollte diese nicht sämig genug sein, können Sie auch einen Lebkuchen fein zerbröseln und unterrühren.

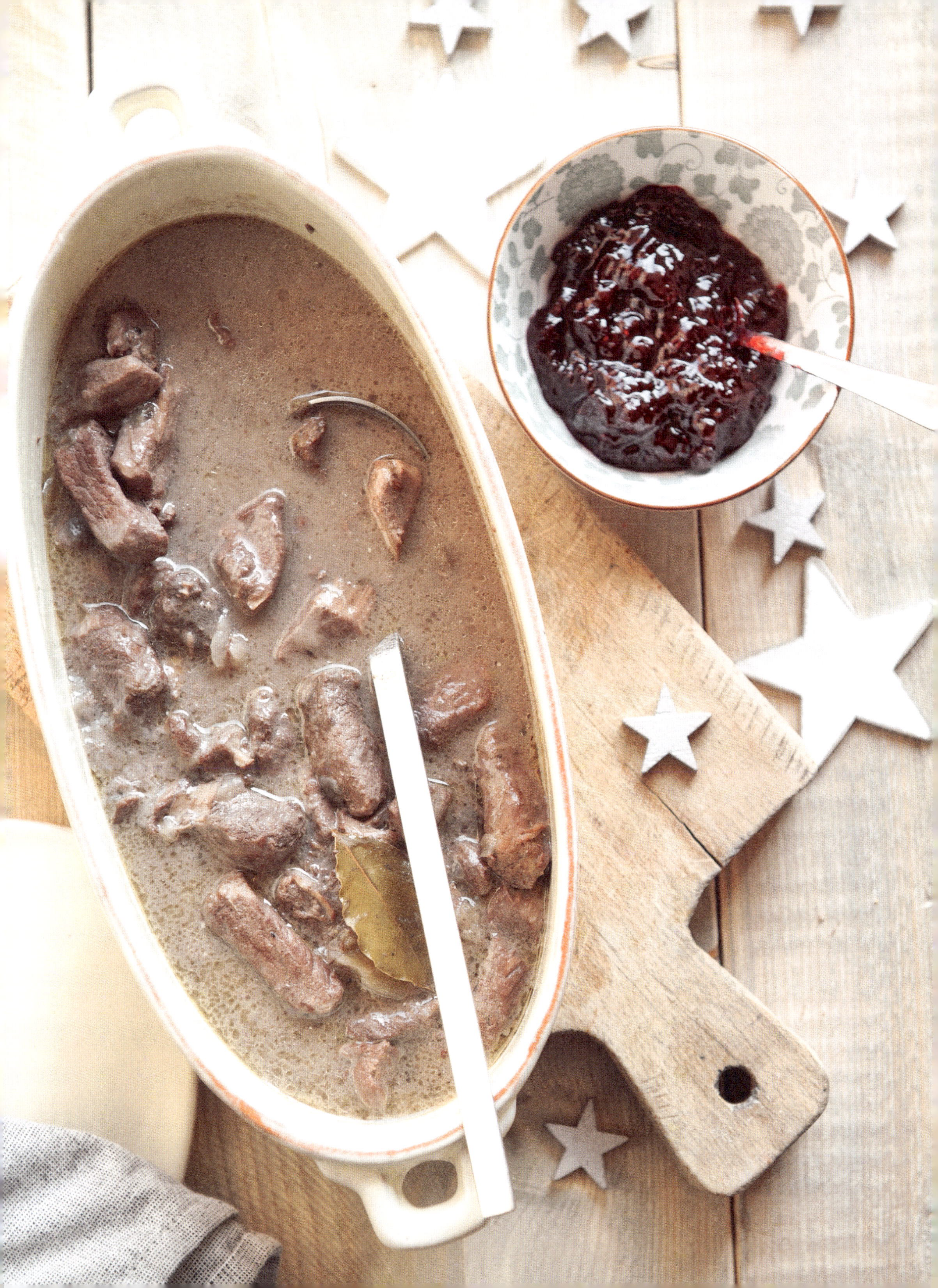

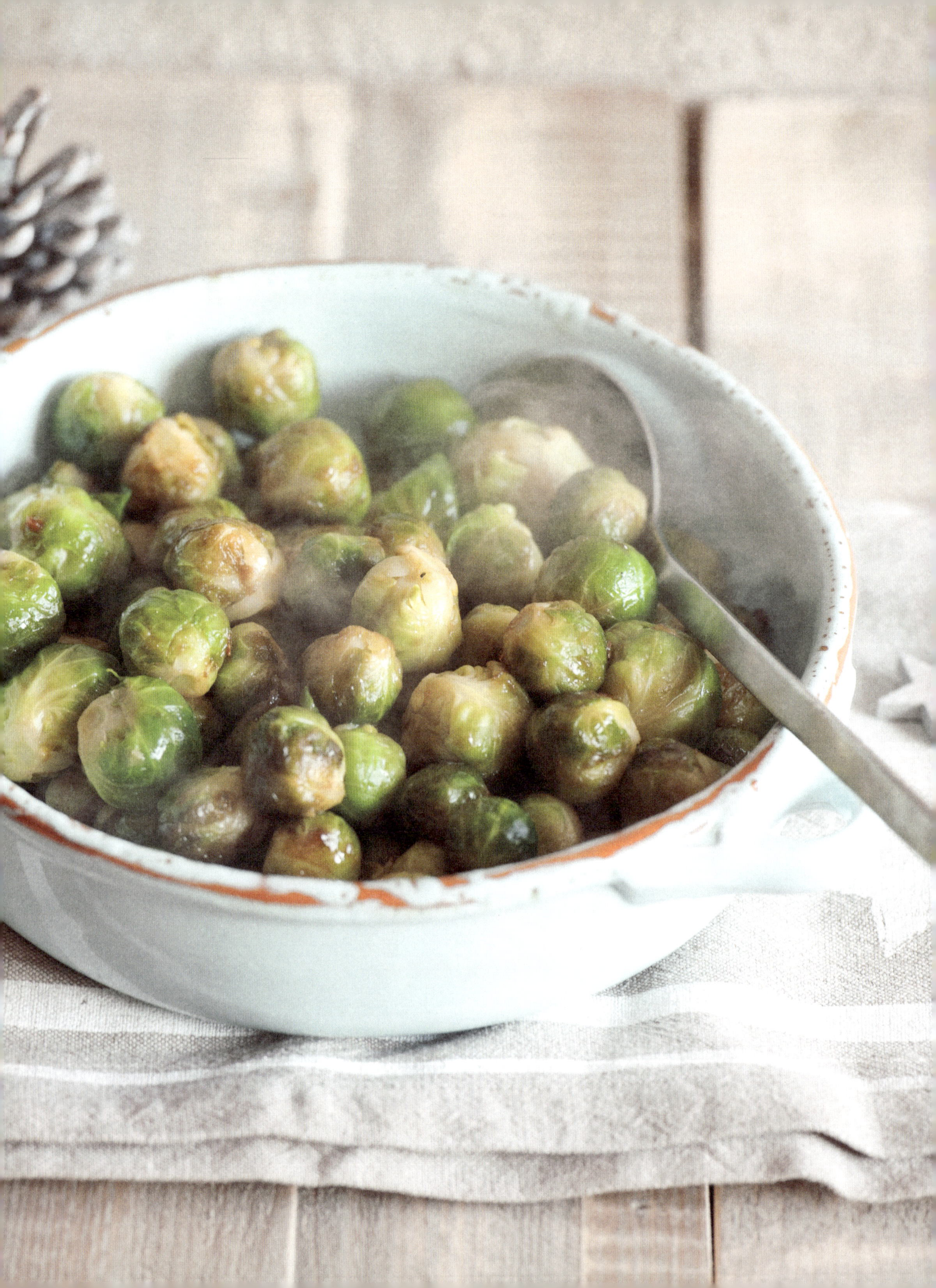

KARAMELLISIERTER
Rosenkohl

Für 6–8 Personen:
800 g Rosenkohl
Salz
50 g Butter
2 EL Zucker

Den Rosenkohl putzen. Dafür den Strunk kürzen und alle losen und welken Blätter entfernen. In einem Topf etwa 500 ml Salzwasser zum Kochen bringen. Den Rosenkohl hineingeben und im geschlossenen Topf in ca. 10 Minuten bissfest garen. Abgießen und ausdampfen lassen.

Butter und Zucker in einer Pfanne schmelzen und unter Rühren bräunen lassen. Den Rosenkohl zugeben und darin schwenken, bis die Köpfchen rundum von Karamell überzogen sind. Sofort servieren.

Tipp:
Den Rosenkohl schon am Vortag knapp bissfest garen und zum Festessen durch das Karamellisieren (zum Schluss einige Zeit den Deckel auflegen) erneut erhitzen.

PÜREE
von Süßkartoffel und Kürbis

Für 6 Personen:
800 g Süßkartoffeln
800 g Butternuss-Kürbis
1 TL Salz
50 g Butter
350 ml heiße Milch
frisch geriebene Muskatnuss

Die Süßkartoffeln schälen und grob würfeln. Butternuss-Kürbis schälen, halbieren, von Kernen befreien und ebenfalls würfeln. Beides in kochendem Salzwasser in ca. 20 Minuten weich kochen. Jetzt mit dem Kartoffelstampfer stampfen. Dabei nach und nach Butterstückchen und heiße Milch zugeben, bis die gewünschte Konsistenz erreicht ist. Mit Muskatnuss abschmecken und sofort servieren.

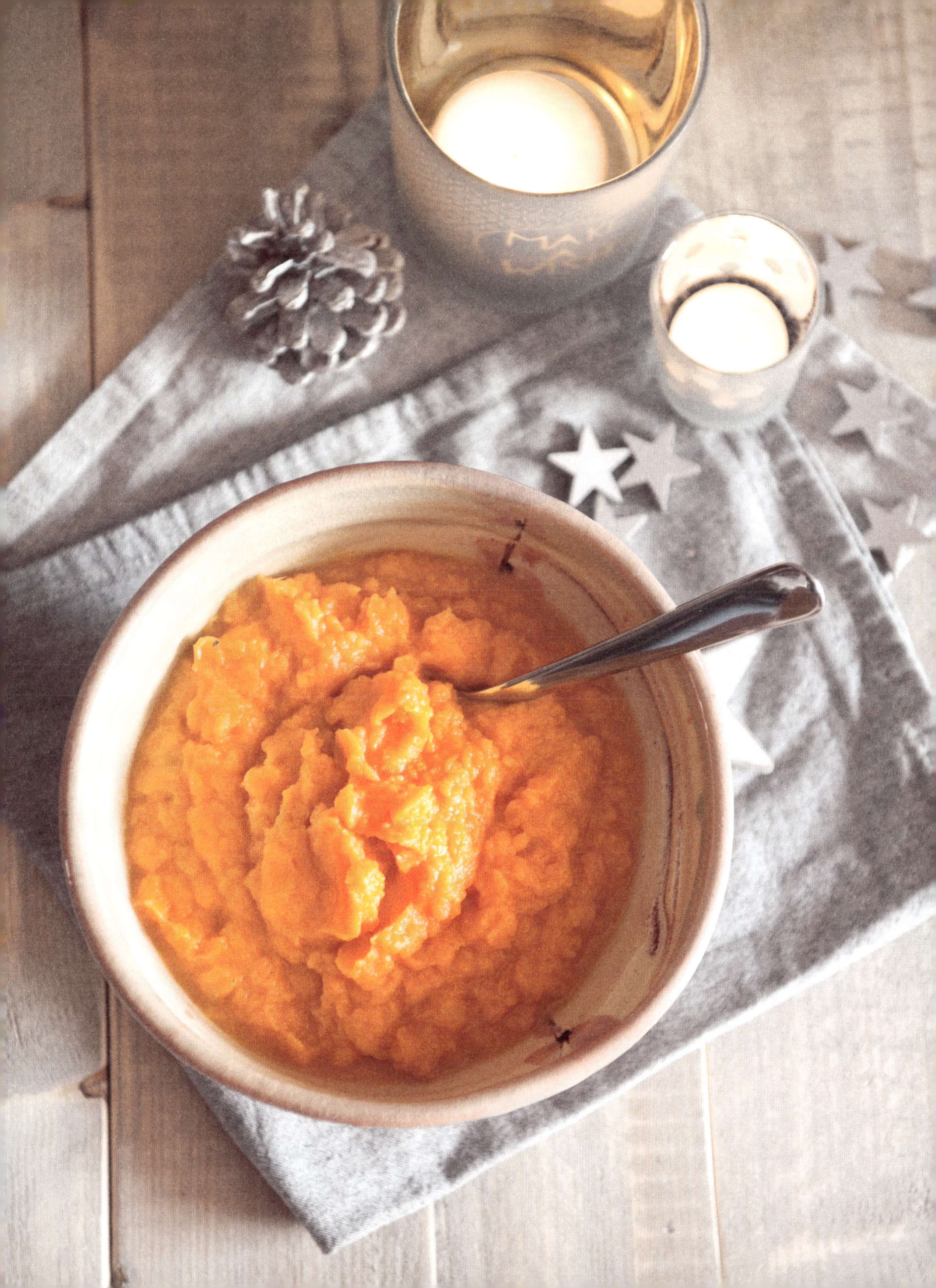

MAKE A WISH

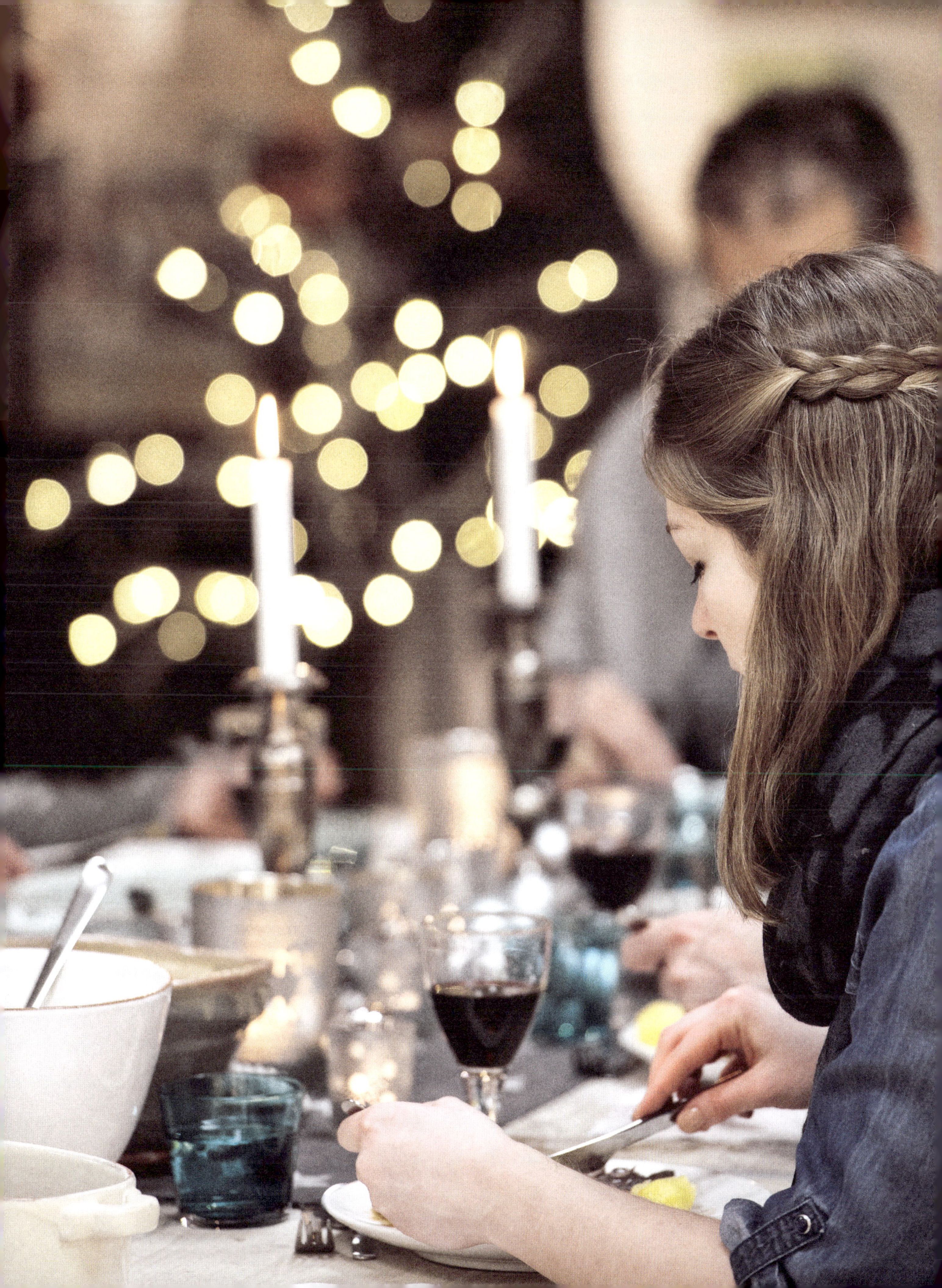

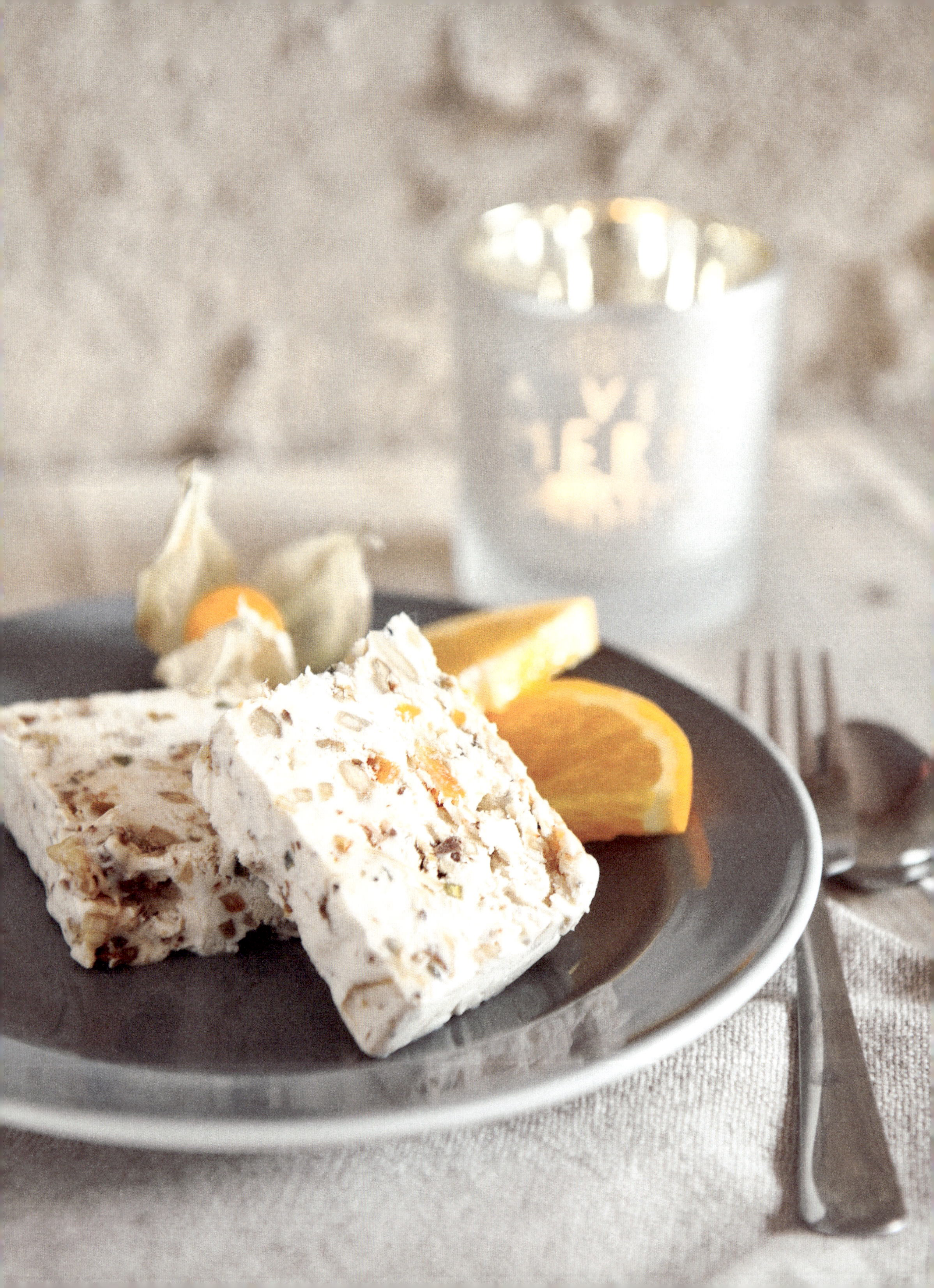

WEIHNACHTLICHES *Parfait*

Für 6–8 Personen:
50 g geschälte Pistazien
100 g Walnüsse
100 g Mandeln
100 g Vollmilchschokolade mit Karamellstückchen
5–6 getrocknete Aprikosen
4 frische Eigelb
70 g Zucker
1 Päckchen Vanillezucker
1 TL Spekulatiusgewürz
500 g Sahne
Orangenscheiben und Kapstachelbeeren (Physalis) zum Dekorieren

Am Vortag Pistazien, Walnüsse und Mandeln grob hacken und in einer Pfanne ohne Fett rösten, bis sie duften. Dann auskühlen lassen. Die Schokolade fein hacken, die Aprikosen fein würfeln. Eigelbe, Zucker und Vanillezucker mit dem Handrührgerät so lange rühren, bis eine dicke, cremige Masse entstanden ist. Spekulatiusgewürz, geröstete Kerne und Aprikosen unterrühren. Die Sahne steif schlagen und unter die Masse ziehen. Alles in eine mit Klarsichtfolie ausgelegte Frischhaltebox füllen. Die Folie darüberschlagen, die Dose verschließen. Das Parfait über Nacht ins Gefrierfach stellen.

Am nächsten Tag mit der Folie aus der Form lösen und etwas antauen lassen. Dann die Folie entfernen, das Parfait in Scheiben oder Stücke schneiden und mit halbierten Orangenscheiben und Kapstachelbeeren garniert servieren.

Erhellen Sie die dunkle Jahreszeit üppig mit warmem Kerzenschein. Die Oberflächen der Weihnachtsbaumkugeln reflektieren den Schimmer und verbreiten ihn im ganzen Raum.

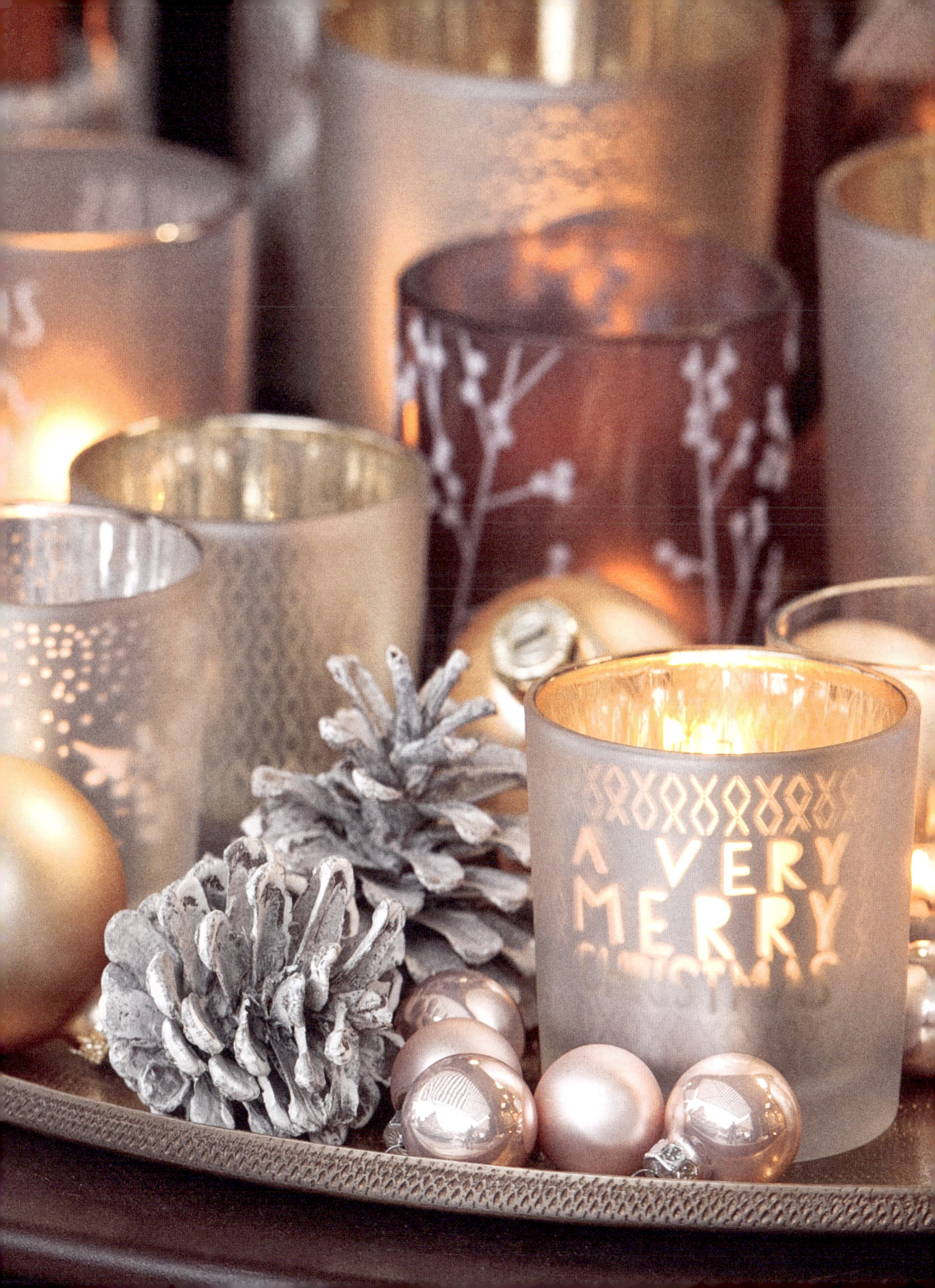
A VERY
MERRY

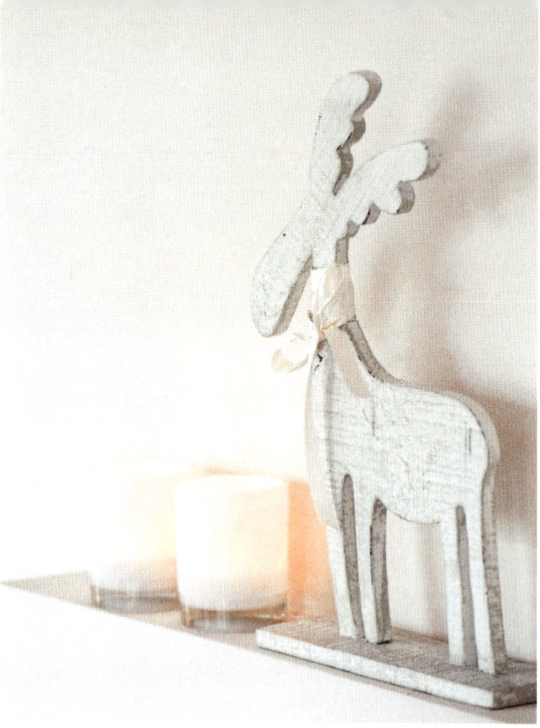

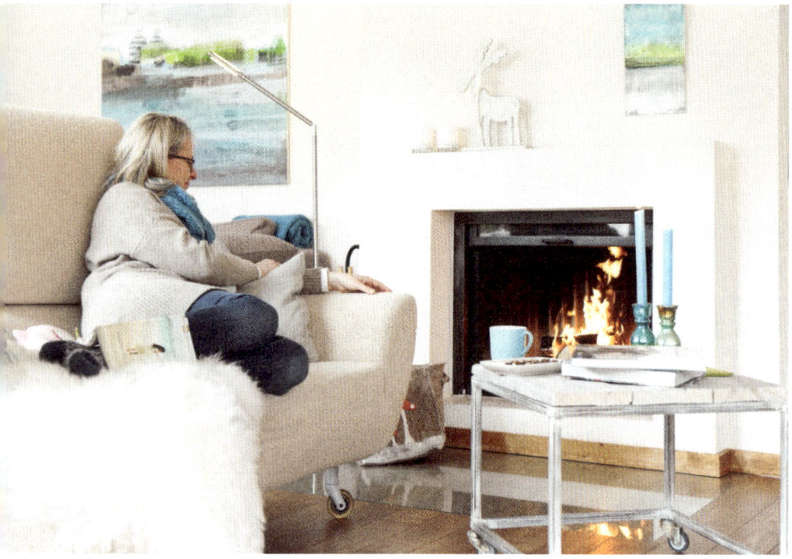

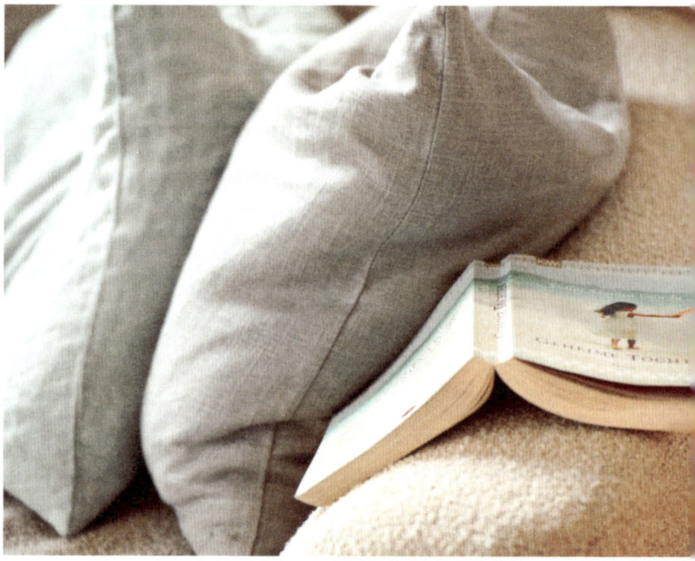

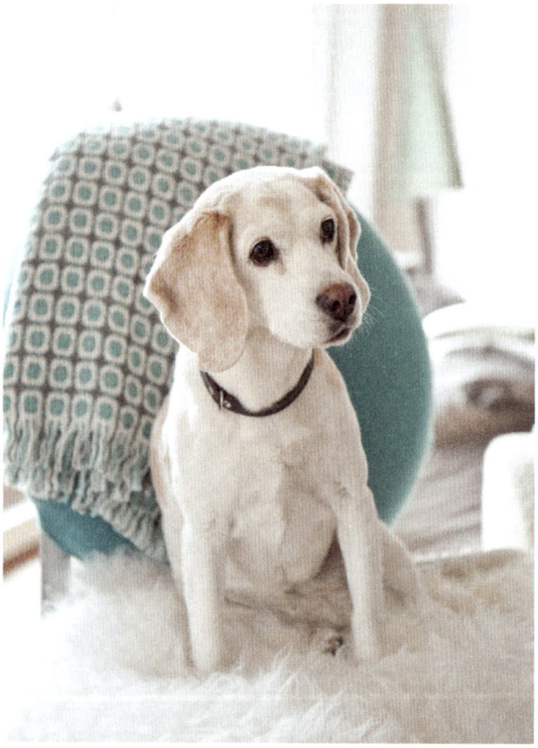

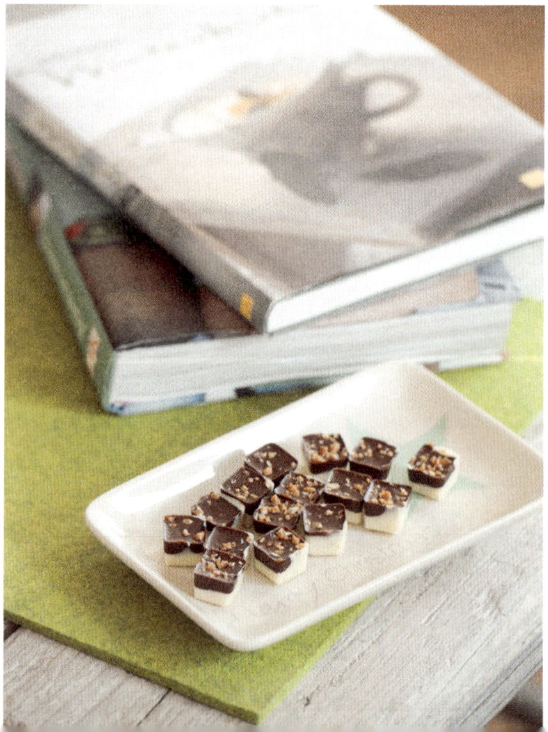

ZWISCHEN DEN JAHREN

Kennen Sie den Ausdruck „zwischen den Jahren" für die Woche zwischen Weihnachten und Neujahr? Diese Tage gehören im Übrigen auch mit zu den „Rauhnächten", in denen man, so geht die Sage, draußen keine Wäsche aufhängen und nach Einbruch der Dunkelheit das Haus nicht mehr verlassen darf. Wenn man genau hinhört, soll man außerdem die Sprache der Tiere verstehen können. Wer weiß, vielleicht stimmt es ja?

In jedem Fall hat diese Zeit einen ganz besonderen Reiz. Die weihnachtlichen Festlichkeiten und der mit ihnen verbundene Trubel sind vorbei. Und bevor das neue Jahr mit frischem Schwung, guten Vorsätzen und schließlich seinem Alltag beginnt, kehrt Ruhe ein. Raum und Zeit scheinen nach anderen Regeln zu funktionieren als sonst. Die Bedeutung der Wochentage ist aufgehoben. Selbst wenn Sie keinen Urlaub haben sollten, werden Sie feststellen, dass die Stimmung bei der Arbeit eine andere ist als sonst. Irgendwie gelöster und entspannter. Also ist „zwischen den Jahren" wie eine geschenkte Zeit, die Sie nutzen können, um so richtig auszuspannen. Legen Sie die Füße hoch und widmen Sie sich dem Bücherstapel, der seit der Bescherung am Heiligabend auf Sie wartet. Spielen Sie Gesellschaftsspiele mit der Familie, beginnen Sie eine Handarbeit oder entdecken Sie ein neues Hobby. Umgeben Sie sich nach

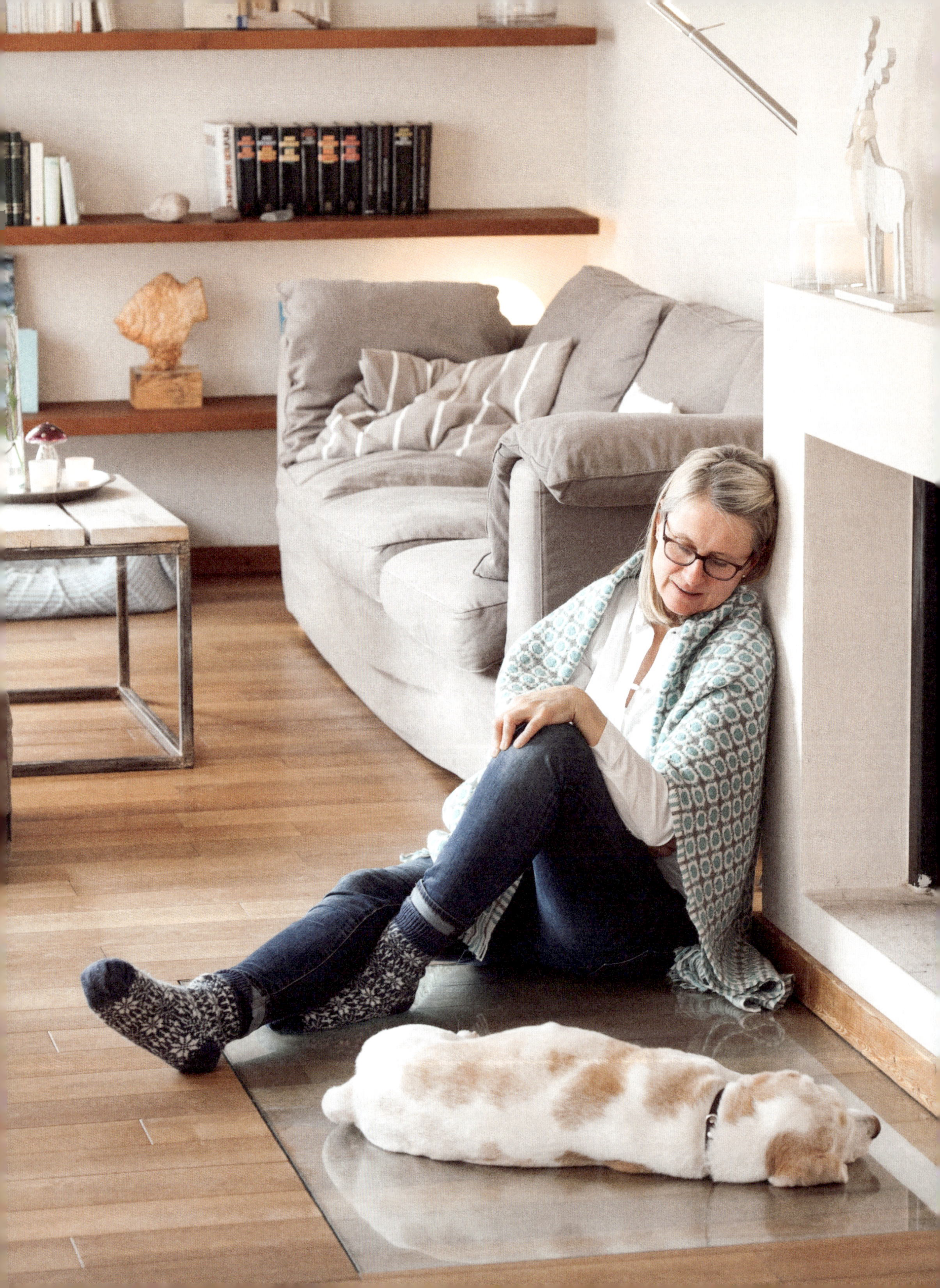

Herzenslust mit heimeliger Beleuchtung und wohltuender Wärme. Weiche Schals, mollige Decken und kuschelige Schaffelle tragen zur Gemütlichkeit und zum allgemeinen Wohlbefinden bei. Den Blick auf ein flackerndes Feuer in Kamin, Ofen oder Feuerkorb (draußen) gerichtet, lassen Sie jetzt vielleicht das alte Jahr Revue passieren. Betrachten Sie dabei die vergangenen Ereignisse mit Wohlwollen und Gelassenheit.

Unternehmen Sie ausgedehnte Spaziergänge, wenn das Wetter es zulässt. Sollte es aber nass und ungemütlich draußen sein, machen Sie es sich drinnen hemmungslos gemütlich und lassen Sie einfach die Seele baumeln. Sollten Sie sich schon nach dem ersten Grün des Frühlings sehnen, helfen Tulpen oder Ranunkeln, die sie sich als frische Farbtupfer in Vasen arrangieren.

Versuchen Sie, in dieser Zeit möglichst alle Verpflichtungen von sich fern zu halten, genießen Sie die Reste vom Festessen, statt zu kochen, oder bestellen Sie Pizza, lassen Sie die Hausarbeit ruhen. Sie haben es sich verdient!

DER WINTER

Wenn ungesehn und nun vorüber sind die Bilder
Der Jahreszeit, so kommt des Winters Dauer,
Das Feld ist leer, die Ansicht scheinet milder,
Und Stürme wehn umher und Regenschauer.

Als wie ein Ruhetag, so ist des Jahres Ende,
Wie einer Frage Ton, dass dieser sich vollende,
Alsdann erscheint des Frühlings neues Werden,
So glänzet die Natur mit ihrer Pracht auf Erden.

Friedrich Hölderlin

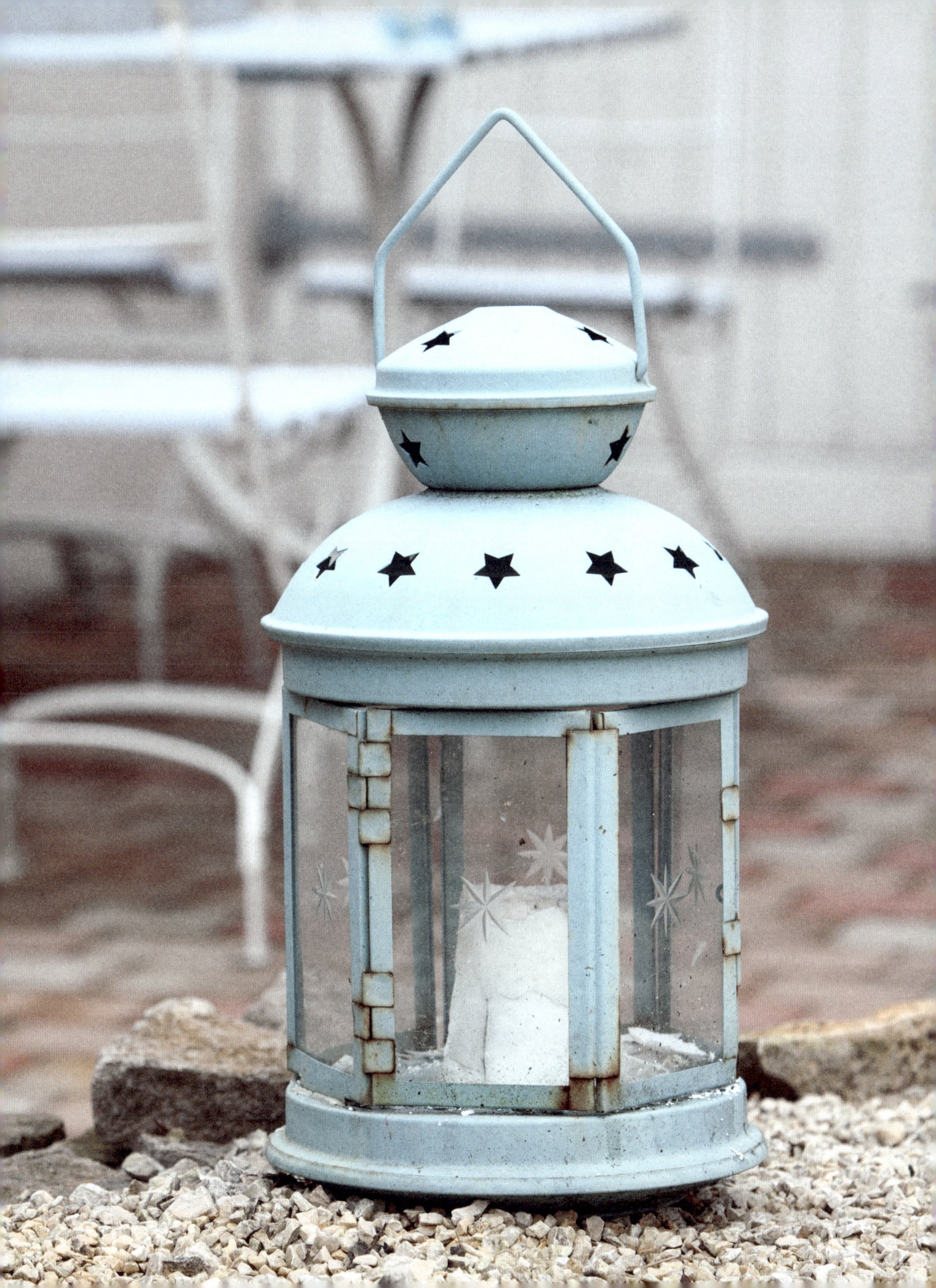

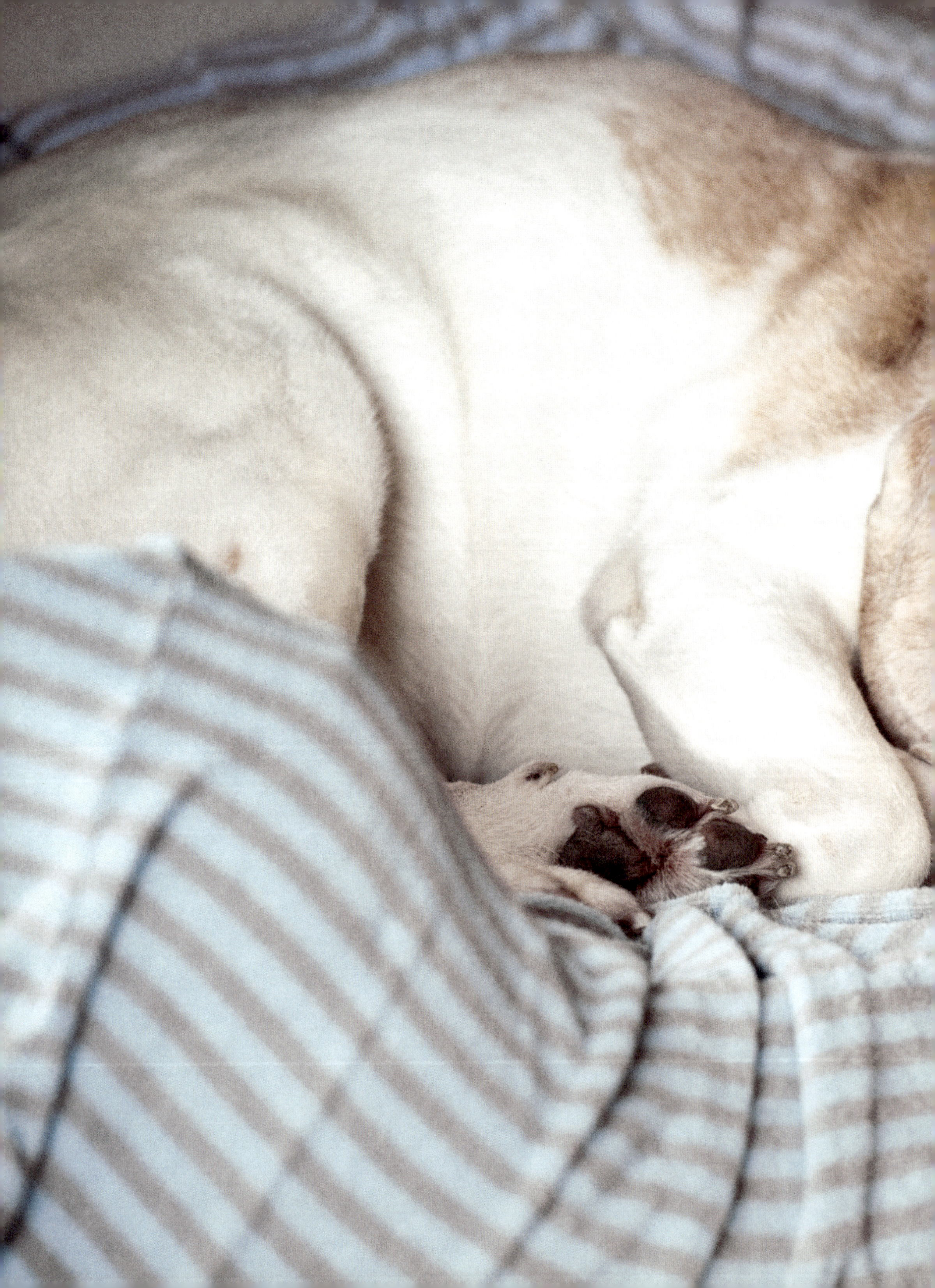

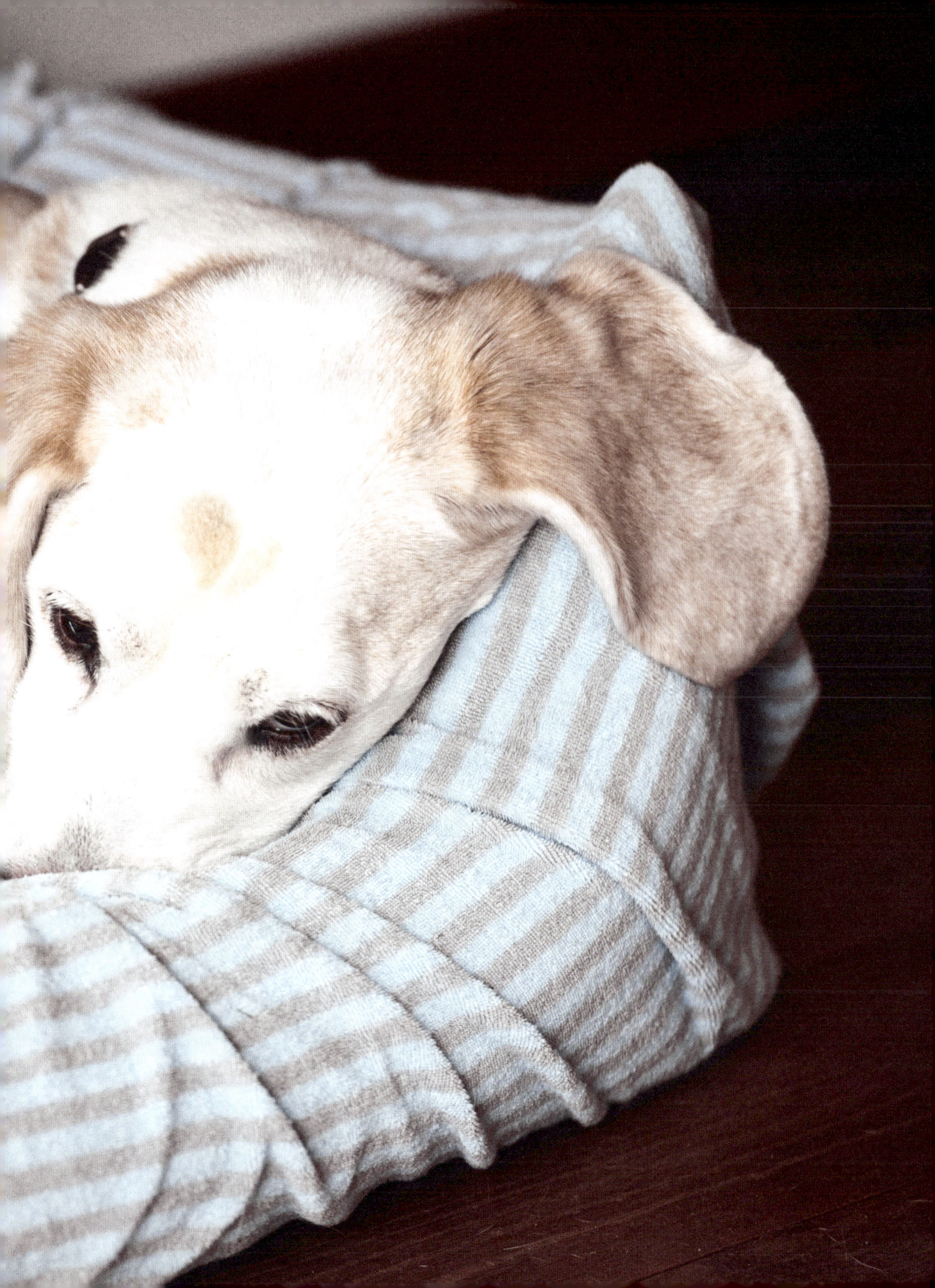

Süßes FÜR DIE SEELE

Es gibt sie, diese Tage. Besonders im Januar oder Februar, wenn der Winter nass, kalt, grau und griesgrämig ist, und noch kein Frühling weit und breit in Sicht. Wir möchten uns einfach verkriechen, in eine Decke wickeln, auf dem Sofa einmummeln, die Welt aussperren und ein wenig melancholisch sein. Wir brauchen Trost, und wir brauchen Wärme.

Ein Feuer im Kamin hilft. Oder, wenn kein solcher vorhanden, ein paar Kerzen und eine Wärmflasche. Ein schönes Buch. Ein kitschiger Film. Und für die Wärme von innen: süße, heiße Leckereien, die die Seele streicheln und die Stimmung heben.

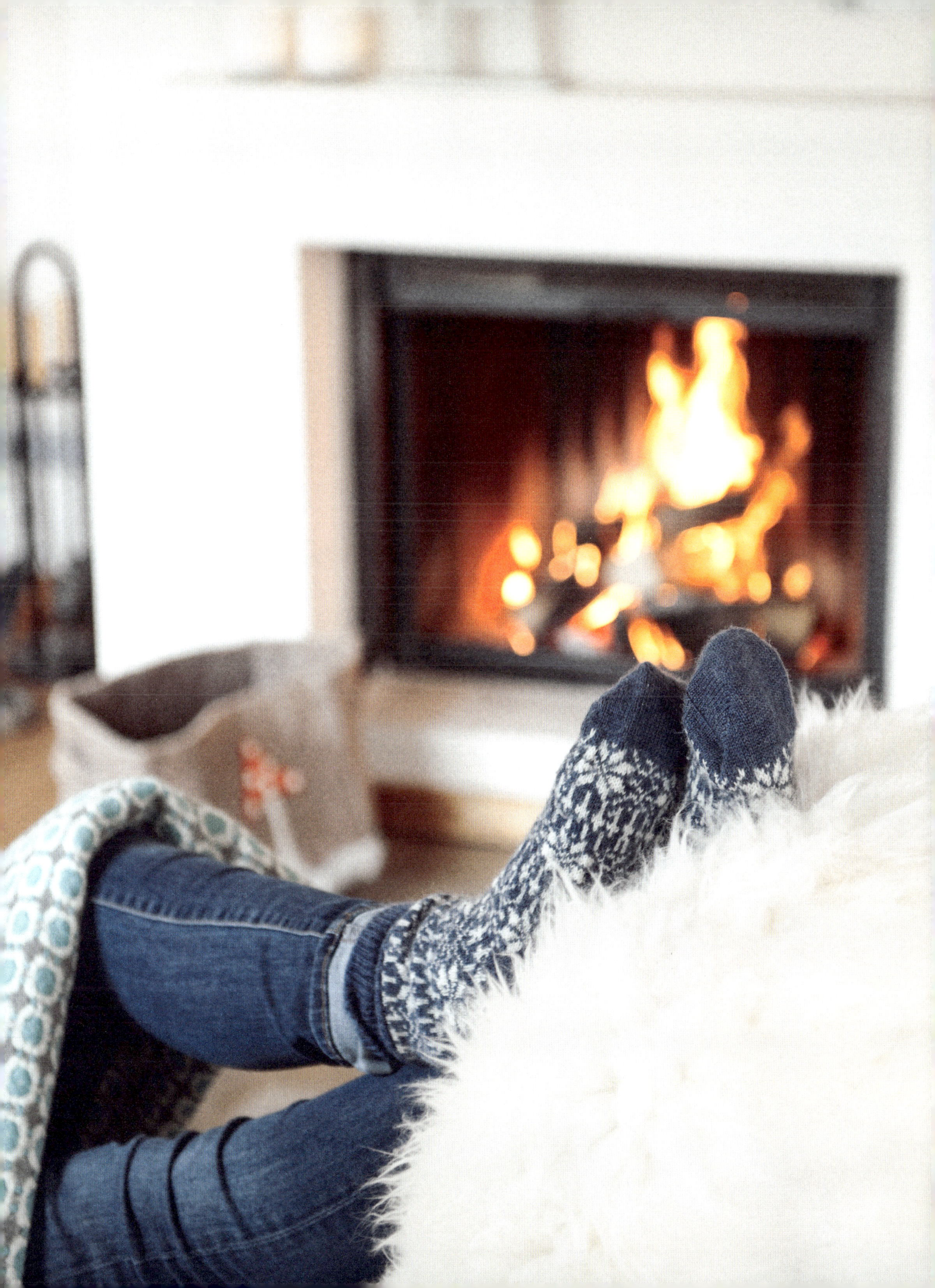

PROVENZALISCHER Mandelkakao

Für 2 Portionen:
1 EL Mandelsplitter
250 ml Milch
2 EL gemahlene Mandeln
1 Msp. Zimt
6 TL lösliches Kakaopulver
2 EL geschlagene Sahne

Die Mandelsplitter in einer kleinen Pfanne ohne Fett unter Rühren goldbraun rösten. Vorsicht, sie verbrennen leicht! Vom Herd nehmen und auskühlen lassen.
Die Milch mit gemahlenen Mandeln, Zimt und Kakaopulver erhitzen, ohne sie zum Kochen zu bringen.
Den dampfenden Kakao in Becher füllen. Vor dem Servieren mit Sahnehäubchen verzieren und mit den gerösteten Mandel-splittern bestreuen.

Tipp:
Sie können statt Kakaopulver auch 50 g dunkle Kuvertüre verwenden und in der heißen Milch unter Rühren schmelzen lassen.

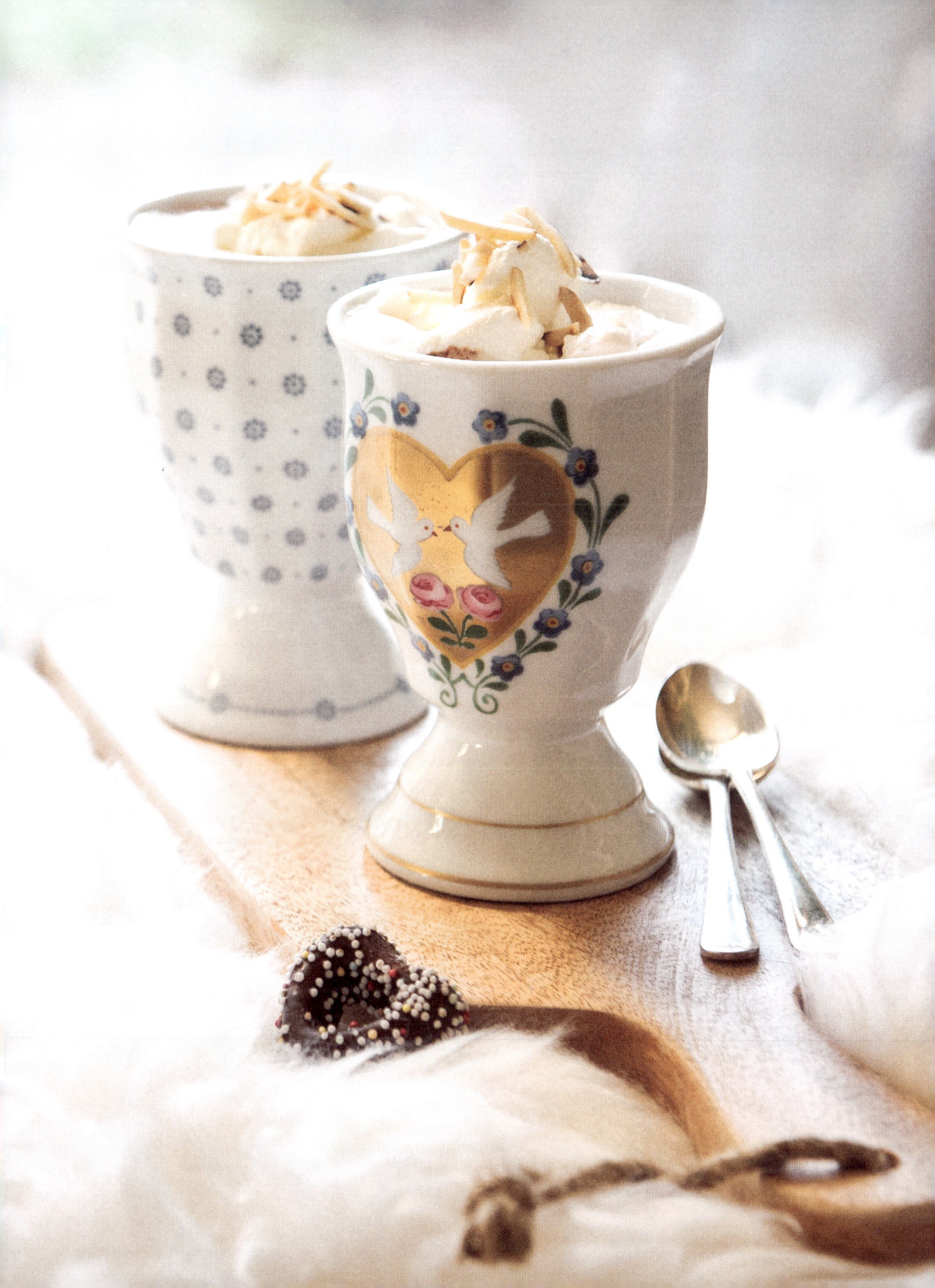

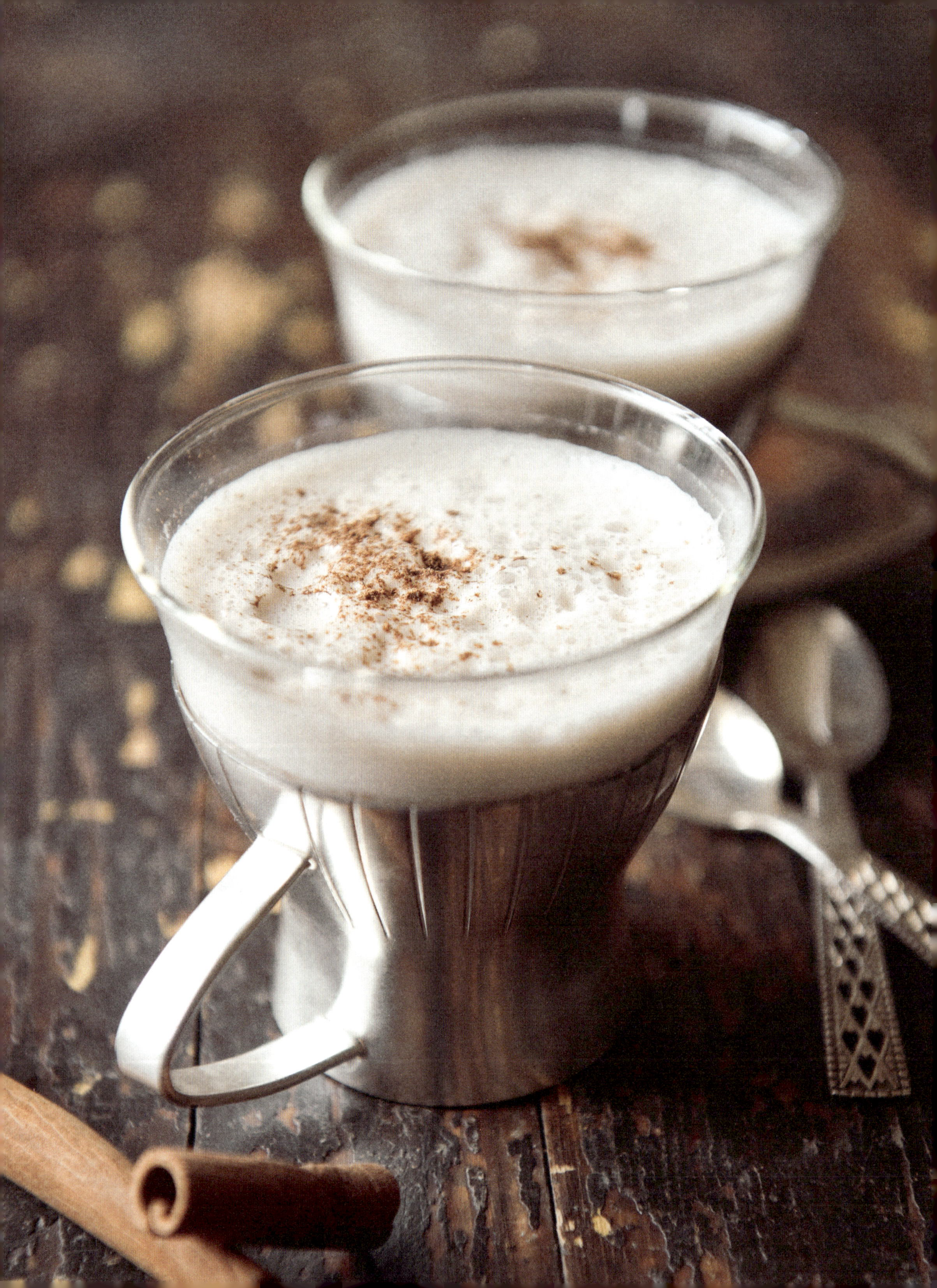

HEISSE Dattelmilch

Für 2–3 Portionen
8 getrocknete Datteln ohne Stein
500 ml Milch
1/2 TL Zimt
1 Msp. gemahlener Kardamom
1 Msp. frisch gemahlene Muskatnuss
1 Prise frisch gemahlener Pfeffer
Zimt zum Bestäuben

Die Datteln klein schneiden. Die Milch in einen Topf geben, Datteln, Zimt, Kardamom, Muskat und Pfeffer zufügen. Alles unter Rühren zum Kochen bringen und bei geringer Hitze ca. 5 Minuten köcheln lassen. Dann vom Herd nehmen und mit dem Pürierstab fein pürieren. Sofort in hitzebeständige Gläser gießen, so lange die Milch noch schön schäumt. Mit Zimt bestäubt servieren.

Tipp:
Falls Sie unsicher sind, ob Ihre Gläser hitzebeständig sind, ist es ratsam, diese vorzuwärmen. Dafür zuerst heißes Wasser hineingießen und dieses nach und nach durch kochendes ersetzen. Dabei die Gläser auf ein feuchtes Tuch stellen. Sonst besteht die Gefahr, dass sie springen.

BRATÄPFEL MIT *Cranberryfüllung*

Für 4 Portionen:
200 g Speisequark
2 EL Zitronensaft
abgeriebene Schale von
1 Bio-Zitrone
3 EL Honig
2 Eigelb
2 EL Vanille-Puddingpulver
ca. 70 g getrocknete Cranberrys
4 rote Äpfel (z. B. roter Boskoop)
Butter für die Form

Den den Backofen auf 200 °C vorheizen.

Den Quark mit Zitronensaft und -schale, Honig, Eigelben und Puddingpulver glatt rühren. 50 g Cranberrys unterheben.

Die Äpfel waschen. Einen Deckel abschneiden und das Innere mit einem Löffel aushöhlen, sodass nur noch ein ca. 1 cm dicker Rand stehen bleibt.

Die Äpfel in eine gebutterte Auflaufform setzen und mit der Quarkmasse füllen. Mit den verbliebenen Cranberrys bestreuen. Im vorgeheizten Ofen ca. 40 Minuten backen. Nach der Hälfte der Garzeit die Deckel aufsetzen und weiterbacken.

Die fertigen Bratäpfel herausnehmen und heiß servieren. Dazu passen Vanilleeis oder Schlagsahne.

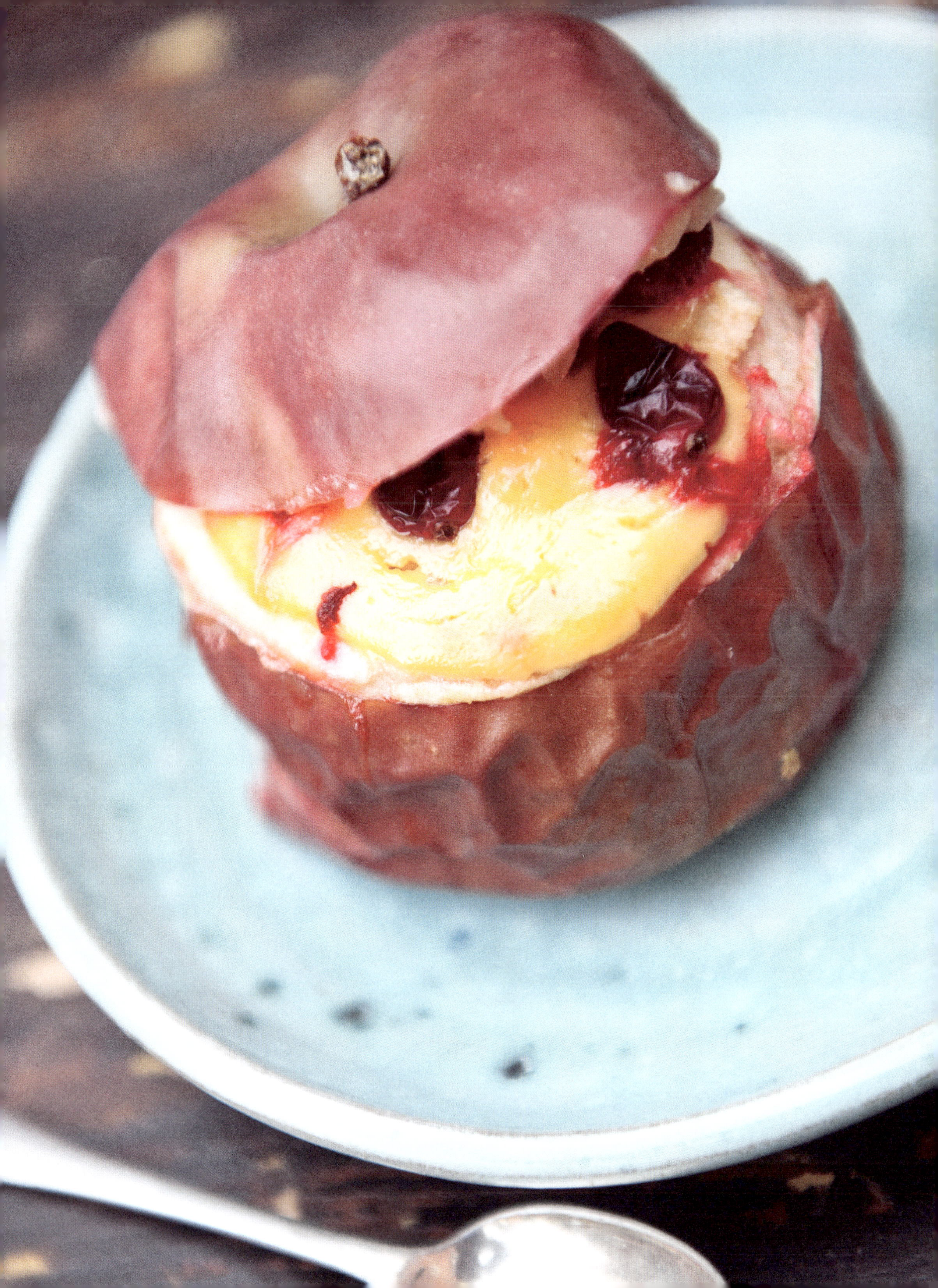

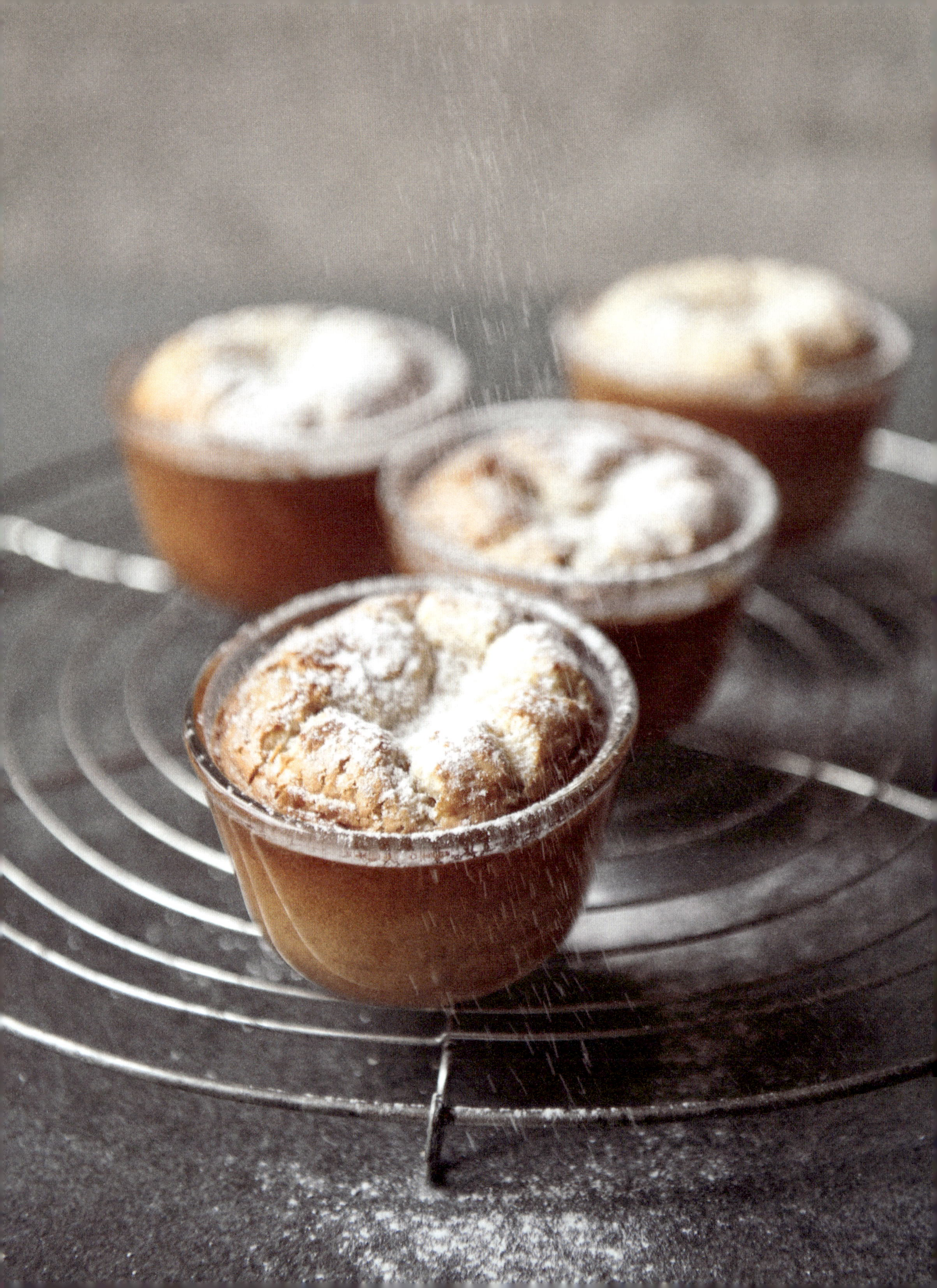

MANDEL-MASCARPONE Küchlein

Für 4 Küchlein:
250 g Mascarpone
100 g gemahlene Mandeln
75 g Zucker
2 Eier
Butter für die Förmchen
Puderzucker zum Bestäuben

Den Backofen auf 180 °C vorheizen.

Den Mascarpone in eine Schüssel geben und mit Mandeln und Zucker gründlich verrühren. Die Eier einzeln und nacheinander einarbeiten.

Vier ofenfeste Förmchen (z. B. Soufflé- oder Crème-brûlée-Förmchen) buttern und die Mascarpone-Masse zu gleichen Teilen einfüllen. Die Küchlein im vorgeheizten Ofen in 20–25 Minuten goldbraun backen. Herausnehmen und mit Puderzucker bestäubt servieren.

KOKOS-MILCHREIS mit Mango

Für 4 Portionen:
100 g Milchreis
1 Dose Kokosmilch (400 g)
1 Prise Salz
2 EL Zucker
1 kleine reife Mango
2 EL Kokosraspel

Den Milchreis mit der Kokosmilch, Salz und 1 EL Zucker in einen Topf geben und zum Kochen bringen. Dann im geschlossenen Topf bei geringer Hitze und häufigem Rühren ca. 30 Minuten ausquellen lassen.
Inzwischen die Mango mit einem Sparschäler schälen. Das Fruchtfleisch vom flachen Kern schneiden und fein würfeln.
In einer Pfanne ohne Fett die Kokosraspel mit dem restlichen Zucker goldbraun karamellisieren.
Den heißen Milchreis auf Schälchen verteilen und die Mangowürfel darauf verteilen. Mit karamellisierten Kokosraspeln bestreut servieren.

Tipp:
Für eine sehr einfache und gelingsichere Art der Zubereitung wickeln Sie den Topf mit dem Milchreis, sobald dieser einmal aufgekocht hat, in eine warme Decke und lassen ihn 40 Minuten garen (ohne Umrühren). So kann er nicht anbrennen und Sie sparen noch Energie dabei. Und es schadet auch nichts, wenn er etwas länger quillt. Sollte er zu fest werden, noch etwas warme Milch unterrühren. Ich benutze dafür übrigens Omas Kochkiste, einen Topf mit passgenauer Styroporhülle.

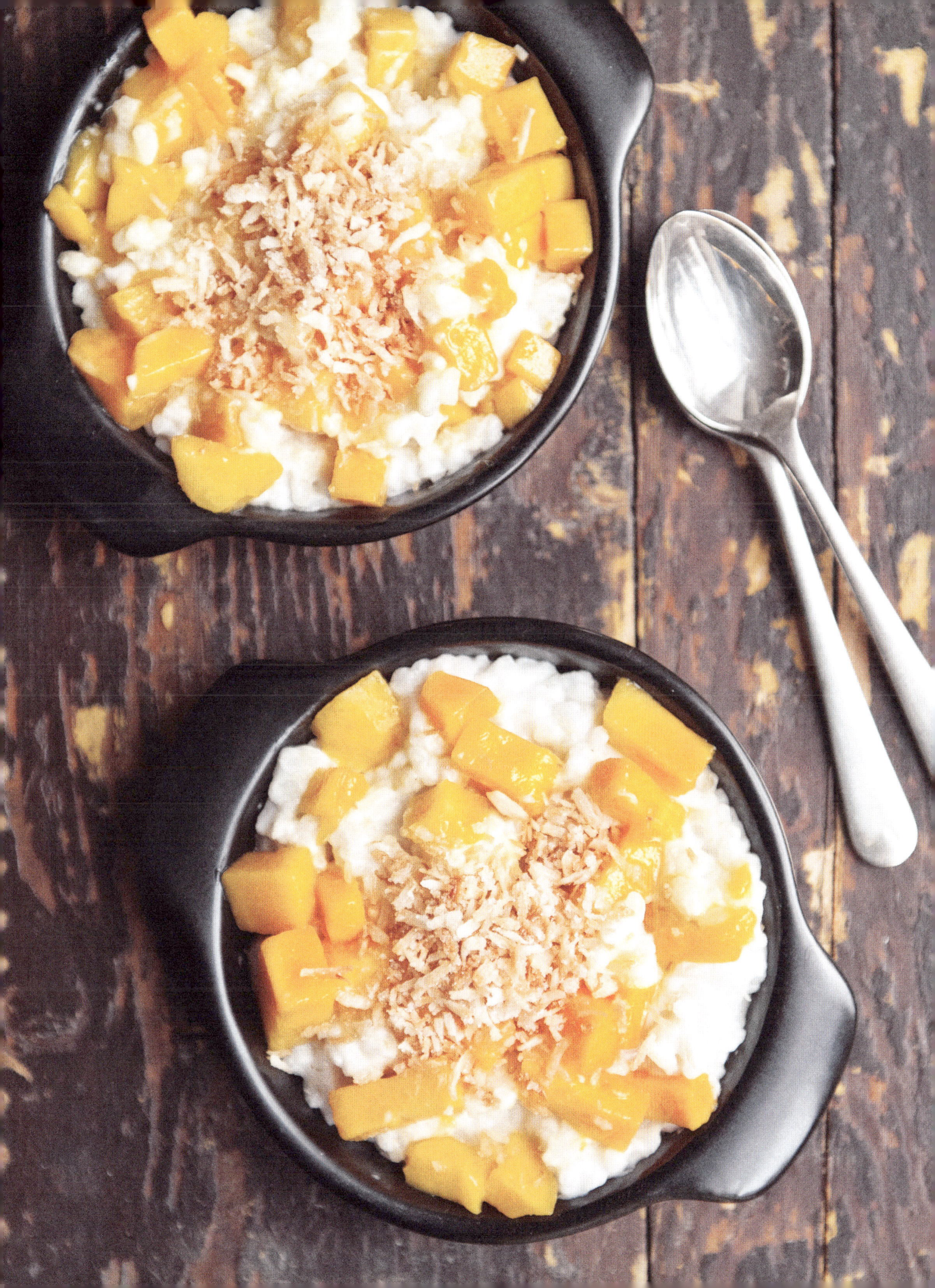

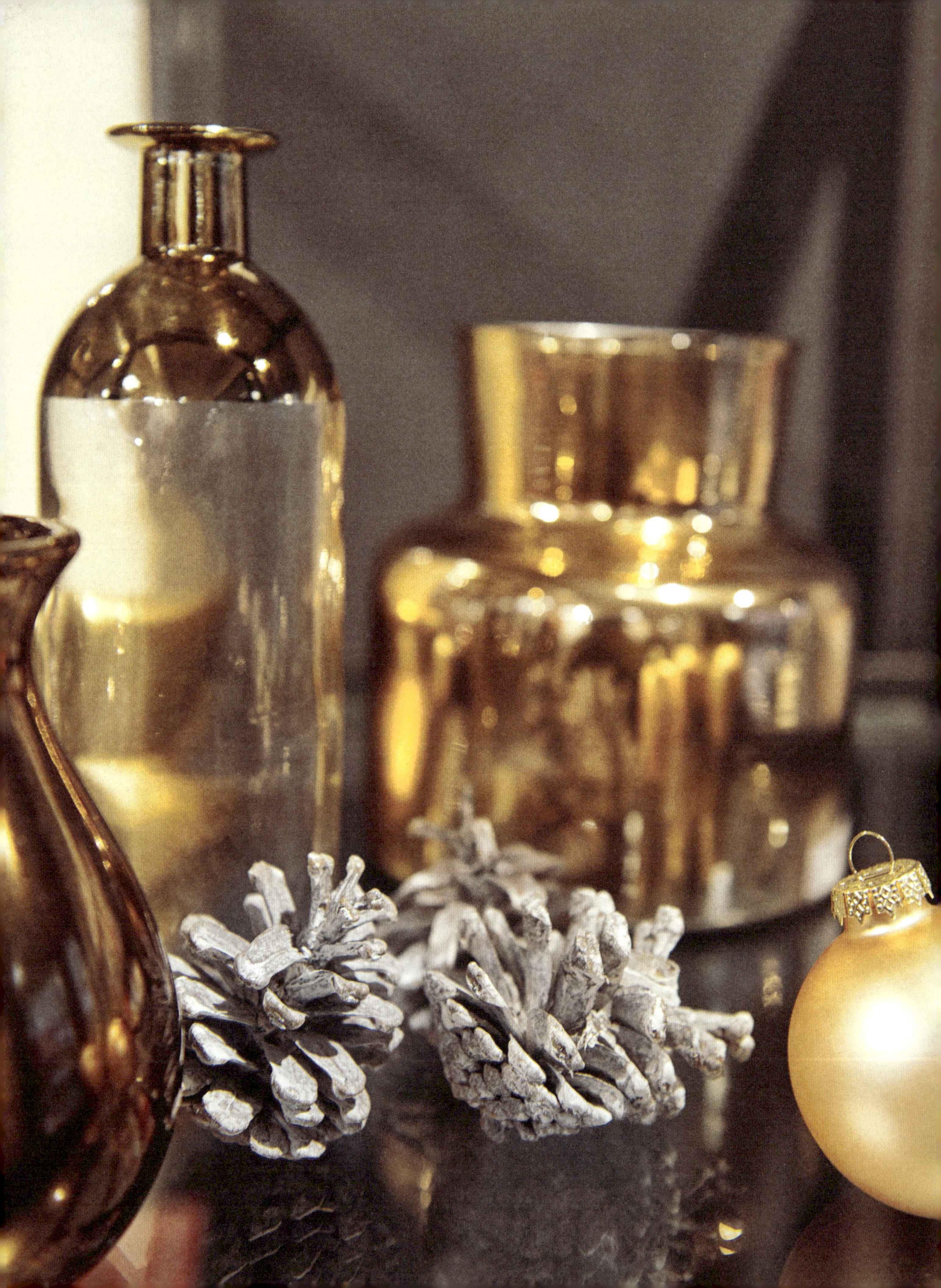

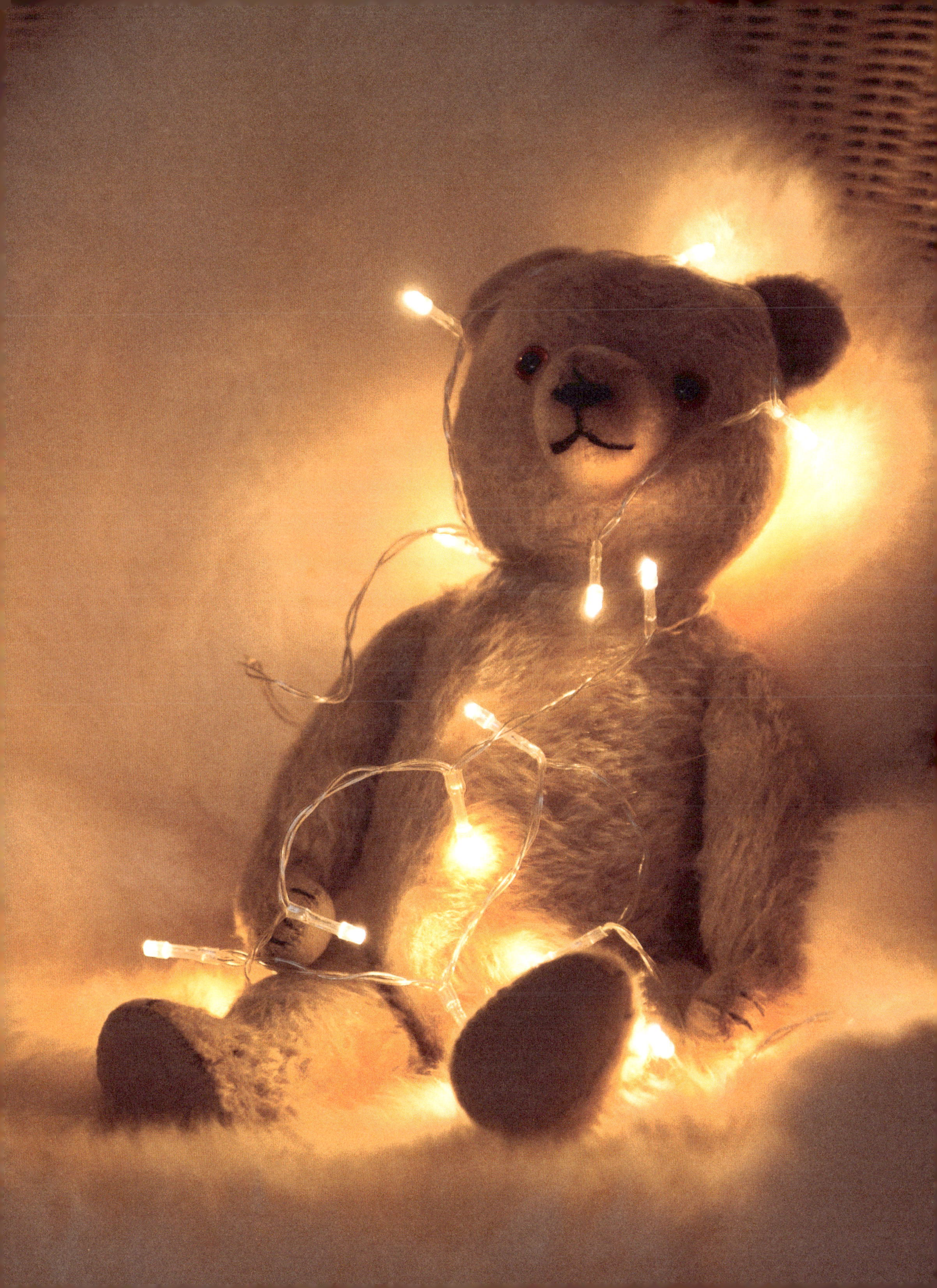

REGISTER

Rezepte

FESTLICHE TORTEN & FEINES KONFEKT

- 22 Lebkuchen-Mascarpone Torte
- 25 Haselnusstorte mit Zimtsternen
- 28 Festliche Sternfrucht-Torte
- 33 Schoko-Kokos-Konfekt
- 34 Vanille-Honig-Trüffeln

PUNSCH & GLÜHWEIN MIT UND OHNE SCHWIPS

- 50 Klassischer Glühwein
- 53 Bratapfelpunsch mit Schwips
- 54 Apfel-Holunder-Punsch ohne Schwips

WINTERLICHE SNACKS AM FEUER

- 69 Stockbrot einfach
- 70 Stockbrot pikant
- 73 Ziegenfrischkäse-Dip

WEIHNACHTLICHES GEBÄCK

- 90 Kunterbuntes Lebkuchenhaus
- 93 Kokos- oder Haselnuss-Makronen
- 94 Zarte Vanillekipferl

REGISTER

97 Zimtsterne mit Marzipan
101 Einfache Ausstechplätzchen
102 Norddeutscher Christstollen

DAS WEIHNACHTSMENÜ

121 Rucolasalat mit Birnen, Roter Bete & Gorgonzola
124 Wildschwein-Gulasch
127 Karamellisierter Rosenkohl
128 Püree von Süßkartoffel und Kürbis
133 Weihachtliches Parfait

SÜSSES FÜR DIE SEELE

146 Provenzalischer Mandelkakao
149 Heiße Dattelmilch
150 Bratäpfel mit Cranberryfüllung
153 Mandel-Mascarpone-Küchlein
154 Kokos-Milchreis mit Mango

Gedichte

16 Der Reif, Hoffmann von Fallersleben
45 Weihnachtsmarkt, Gottfried Keller (Auszug)
65 Das Feuer, James Krüss
85 Die Weihnachtsmaus, James Krüss
115 Weihnachten, Joseph von Eichendorff
140 Der Winter, Friedrich Hölderlin

DANKE

Lang ist die Liste derer, die in vielerlei Hinsicht geholfen haben und bei denen wir uns bedanken möchten! Dank an Christiane, Alisa und Malte Cantauw, Thilo Grünwald und René Knedlik, in deren Garten wir einen großartigen Lagerfeuerabend erlebten (und fürs Zubereiten von Punsch und Stockbrot); Katrin Reidegeld, die uns auf den Weihnachtsmarkt begleitete; Günther Jakobs und Corinna Rockenfeller, die ihre wunderbare Küche zur Verfügung stellten, und ihren Kindern, Lennard, Paula und Constantin, denen wir beim Backen und Verzieren über die Schulter geschaut haben; Stephan Pricken, Gerlinde Wermeier-Kemper und Imke Bruns-Addicks, deren Weihnachtsdeko wir dokumentierten; Andrea und Stefan Ottenjann für besondere Motive in ihrem fantastischen Laden, dafür, dass wir ihr loftartiges Atelier als Kulisse für das Weihnachtsmenü benutzen durften, und dass sie, zusammen mit Tochter Maj-Britt, Andrea Wommelsdorf sowie Marlies und Bernd Zumbusch das Weihnachtsessen bevölkerten (und fürs Zubereiten vom Wildschweingulasch); Janine und Peter Bensmann samt Hund Lotta, die ihr traumhaftes Haus für das Kapitel „Zwischen den Jahren" im Februar noch einmal weihnachtlich dekorierten; Ulrich Leesker für das Bild auf S. 140; Wir danken außerdem dem kleinen Tarek Jansen, dem großen Jos Gerritschen, Hund Peppa und Kater Schmidtchen für ihre liebende Anwesenheit, Anette Riedel für ihre unermüdliche Unterstützung und Victoria Salley für ihr Vertrauen in unsere Arbeit!

Vanessa Jansen, Fotografin, und **Christiane Leesker**, Designerin und Autorin, haben gemeinsam verschiedene Koch- und Backbücher veröffentlicht, darunter auch *Meine Weinlese in Frankreich*, wofür sie 2014 mit dem Gourmand World Cookbook Award ausgezeichnet wurden. Beide lieben die besondere Atmosphäre und Stimmung der Winter- und Weihnachtszeit, die sie für dieses Buch in Bild und Wort eingefangen haben.